101 Tips for the Parents of Girls with Autism

写给自闭症儿童父母的101条小贴士

女孩篇

[美] Tony Lyons　Kim Stagliano　著

杨中枢　译

华东师范大学出版社

101 Tips for the Parents of Girls with Autism: The Most Crucial Things You Need to Know About Diagnosis, Doctors, Schools, Taxes, Vaccinations, Babysitters, Treatment, Food, Self-Care, and More

by Tony Lyons, Kim Stagliano

Copyright © 2010 by Tony Lyons

Copyright © 2015 by Kim Stagliano

Simplified Chinese translation copyright © East China Normal University Press Ltd., 2019.

Published by arrangement with Skyhorse Publishing.

All rights Reserved.

上海市版权局著作权合同登记　图字：09-2018-385号

译者序

　　自闭谱系障碍（简称自闭症）一般发病于儿童 3 岁前，其成因具有个体差异性，并非与单一的基因相关联，目前研究者已知是由染色体异常所形成的基因缺陷导致。随着科学技术的发展以及医学的进步，一些过去难以治愈的疾病难题逐渐被攻克，而对于自闭症，现代医学却显得束手无策，诊断也好治疗也好，均无先进的设备和有效的药物。根据一些国家公布的数据推测，目前全球每 160 名儿童中就有 1 名自闭症儿童，其总数已超过艾滋病、癌症和糖尿病三种疾病。2016 年 12 月发布的《中国自闭症教育康复行业发展状况报告Ⅱ》中的数据显示，我国现有自闭症患者人数超过 1000 万，并以每年十几万的速度递增，其中 14 岁以上人群约为 800 万，涉及众多家庭。

　　自闭症儿童行为刻板、缺乏交往动机，这严重影响他们的生活和学习，使得他们难以融入社会。事实表明，科学的诊断评估、设计合理的教育教学、充分的服务与支持可以有效地促进自闭症儿童沟通技能和社会技能的发展，有助于其融入社会。然而，自闭症儿童的诊断治疗、教育训练难度大、耗时长，社会保障制度不完善，相关部门投入资金有限，使众多家庭承担着巨额的康复治疗及相关费用。更为糟糕的是，目前我国康复训练领域乱象丛生、从业人员水平参差不齐，家长处境非常被动，遭受着身体和精神上的双重煎熬。在接触了越来越多自闭症儿童的父母之后，我们也感同身受，不禁忧心如焚：他们的人生该怎么坚持下去？他们的自闭症孩子该怎么办？认真读读《写给自闭症儿童父母的101条小贴士：女孩篇》这本书，或许能找到上述疑问的答案。

当父母得知自己的孩子是自闭症的那一刻，一定会觉得天塌了，整个家庭要完了。该书的作者是一位了不起的母亲，她的三个女儿都患有自闭症，情况远比我们大多数父母糟糕得多。经历充满起伏、折磨、痛苦和挫折的日日夜夜，她没有被击垮，而是选择了积极面对。当困难重重，许多努力毫无效果甚至事与愿违时，这位母亲依然保持着积极乐观的态度，坚信自己的孩子会有美好的人生，正如她所说的该有的都会如愿以偿！

作者以亲身经历告诉我们，只有先照顾好自己，才能真正地帮助到你的孩子。有自己的爱好、寻求个人出路以及维系家庭和睦都是照顾好自己的重要方面，也是积极乐观的具体表现。要让孩子学会处理情绪问题，自己首先要能够找到克制不良情绪、平复心情的办法；要让孩子学会社会交往，就不能放弃自己的社会交往……总之，换一个角度看待所遇到的困难，改变的不只是态度，还有我们的行动。

时至今日，像"自闭症是一种精神疾病"这样的误解还普遍存在。"是病就得治，要治就得找好医院、名医生"，这大概是许多家长的基本逻辑。于是形形色色但又千篇一律的家庭悲剧不断上演。可怜的父母们为了传说中能治愈自闭症的"神医"和"特效药",带着孩子四处奔波,求医问药,到头来落个家徒四壁不说,还耽误了孩子,抱憾余生。作者在书中提到,"许多自闭症儿童的行为和认知症状可以通过适当的生物医学治疗得到明显改善"。如何理解这句话非常重要!要清楚这并不是要治愈自闭症,也不是针对刻板行为和情绪问题本身,而是针对有可能导致这些行为的疾病。如自闭症孩子常见的胃肠道疾病对于家长而言并不容易被觉察,由它引发的情绪问题往往在肠道功能得到改善后会减轻甚至消失。在译者看来,作者实施的药物治疗或营养改善计划一点不亚于严谨的科学研究,详细的观察记录以及客观的因果分析,足以表明这位母亲始终有着旺盛的学习热情和开放的学习态度,她深知"你自己也要做研究,不能仅仅依靠医生来解决所有问题",这对于父母来说尤其难能可贵。

自闭症儿童常被当做"异类",他们的许多表现容易被人看作是"异常"行为,生活中没有几个人在乎他们的想法,更谈不上愿意"读懂"他们。许多以盈利为目的的所谓康复机构,打着科学的旗号,号称掌握了"独家秘方",吸引着不明真相的家长纷至沓来,想要自己的孩子接受先进的训练和康复。先进的方法是存在的,但绝不是不问青红皂白、不顾儿童兴趣地消除自闭症儿童的刻板行为。2016年5月,一篇题为《一个自闭症孩子在训练机构的死亡》的报道让人不寒而栗,据说罪魁祸首是高强度的训练。通过这位母亲分享的信息,我们更加明白**一定要把"儿童"摆在比"自闭症"更加重要的位置**。像所有孩子一样,他们的"问题行为"都具有特定的功能,而不应该被标签化。研究孩子并"融入孩子的世界",安排"有趣味性的任务"等这些再普通不过的建议,实际上是各种训练、技能学习、家庭教育最为重要的原则。当然真正做到这些并不容易,需要的是我们对孩子发自内心的尊重,不然如何给孩子以选择的机会?如何让孩子具有自尊?我们也需要对孩子"高期待"、"严要求",不然如何培养他们的独立性?如何发展他们的潜能?

自闭症男孩的数量多于女孩,这可能使自闭症女孩更容易被忽视和误解。我们必须重视女孩们在安全、生理和青春期等方面的特殊挑战,不能被我们的先入之见所误导,认为女孩更喜欢洋娃娃或烹饪,这将使得我们很容易忽视自闭症女孩在机械、建筑和计算机等方面的兴趣和爱好。

相信翻到《写给自闭症儿童父母的 101 条小贴士:女孩篇》这本书的任何一页,你都能找到你想要的建议和信息。从接受治疗、加入服务计划到训练孩子如厕、洗浴、就寝;从走亲访友、外出旅行到父母个人爱好、社会交往以及夫妻相处之道等,应有尽有。而且,几乎每一条贴士都具有指导性和操作性,非常适合自闭症儿童家长阅读。当然,这本书对专门从事自闭症研究的专业人员及相关从业人员,也是很有价值的。

我国经济社会发展与发达国家仍然存在差距,为自闭症儿童及其家庭提供的服务和支持还相当有限。但是我们坚信,如果千千万万的父母都能像这位母亲学习,积极争取各种资源,不断学习提高,不但会使我们的孩子受益,还会对我国加快自闭谱系障碍的支持与服务体系建设具有积极意义。

我和我的部分研究生共同参与了本书的翻译工作,其中绪论和后记由亓文歌、杨中枢翻译,第1、2章由周焕春翻译,第3章由李平翻译,第4、5、6章由周海霞翻译,第7、8章由王君芝翻译,第9章由亓文歌翻译,第10、11、12章由何转霞翻译,全书由我审校。在本书的出版过程中,华东师范大学出版社的张艺捷编辑给予了很大的帮助,做了大量工作,在此深表谢忱。由于外语水平、文字能力有限,译文中难免存在不妥和错误之处,敬请广大读者批评指正。

杨中枢

2019年夏于西北师范大学

目 录
Contents

绪论		001
第 1 章	教育	001
第 2 章	治疗	019
第 3 章	医疗和营养治疗	035
第 4 章	家庭支持	077
第 5 章	日常生活技能	089
第 6 章	有效的教育方法	113

第 7 章	个人护理	127
第 8 章	安全	149
第 9 章	冒险	157
第 10 章	假期、生日和礼物	163
第 11 章	未来：18岁——我们要做些什么？	167
第 12 章	财务	179

| 后记 | 187 |
| 推荐阅读 | 189 |

绪　论

小男孩的生活里有什么？

小狗和蜗牛，还有狗尾巴。

这就是小男孩的生活！

小女孩的生活里有什么？

糖、香料和所有美好的东西。

这就是小女孩的生活！

自闭症父母的生活里有什么？

竭尽全力的勇气和关爱。

这就是自闭症父母的生活！

当接到天马出版社（Skyhorse Publishing）的电话时，我正坐在厨房里凌乱的小电脑桌前。他们问我是否愿意把出版商 Tony Lyons 编写的有关给自闭症女孩父母的 1001 个小贴士的书缩减整理成一本新书出版。

作为三个自闭症女儿的母亲，我确实有一些经验。我的女儿年龄不小了，所以我对自闭症算是很了解了。我曾经历过女儿上学、青春期以及面对成年人问题时的恐惧。现在我的三个女儿分别是 20

岁、18岁和14岁。2010年我在我的回忆录《我可以应对一切：我不是特蕾莎修女》(All I Can Handle：I'm No Mother Teresa)中提到过她们。

我非常欣赏天马出版团队对自闭症研究的青睐，以及在向读者介绍自闭症相关话题时的勇气。出版商Tony Lyons有一个漂亮的自闭症女儿[你可以在她母亲所著的《寻找Lina：一个母亲从自闭症到希望的旅程》(Finding Lina：A Mother's Journey from Autism to Hope)一书中了解到]，她对女儿Lina的爱与热情淋漓尽致地跃然纸上。

熟悉我的写作并在脸书或推特上关注过我的人都知道，我有一个很好的减压方式就是在厨房里制作美食。烹调和烘烤是我这个意大利裔美国妈妈和自闭症孩子妈妈的减压方式。我所做的有点"复古"——似乎比我出生的时间至少早了10年。从收集老式食谱、不单单用常规方法使用亚瑟王牌无麸质混合面粉材料开始我就喜欢研究烹调和烘烤。

当出版社找我写这本书的时候，我毫不犹豫地说："是的！我想为自闭症女孩的父母们提供一个成功的秘诀！"我在厨房里跳了一会儿舞，对这本新书的出版感到兴奋不已。"这将是一块蛋糕！"——我已找到了主题和框架。这本修订版的框架，就像一个巨大的多层蛋糕。101个小贴士包含的信息量非常大！这本书更像是摆放在桌上的一张张小拼盘，让你从小的方面入手寻找信息，帮助女儿、爱人、学生、病人或其他自闭症人士。我在每一章都分享了一些食谱，有些是根据我最喜欢的烹饪书改编的，还有一些是从天马出版社得到的。他们出版了一本了不起的书——《自闭症食谱：101个无麸质和无过敏原的食谱》(*The Autism Cookbook*：101 *Guten - free and Allergen - free Recipes*)，作者Susan K. Delaine是一位自闭症孩子的妈妈。想到这本是为自闭症女性而写的书时，杰克逊的一首歌突然在我的脑海中浮现：

"你难道不知道，这是一个不同的女孩……"

自闭症女孩和男孩在许多方面都有所不同。女孩更"应该"善于社交，比男孩有更好的沟通技巧，并且更了解社交暗示、面部表情和感受。女孩们"应该"梳头发、涂指甲油、玩洋娃娃、穿裙子、安静地坐着以及规规矩矩地玩。

嗯，这样的事没有出现在我家，也不太可能出现在你们家。除了漂亮，我的女儿们没有一点"女生气"。即便对正常儿童而言，男孩社交和沟通技能的欠缺似乎是可以被接受的，而女孩则不同。其实，学校、家庭需要的许多社交策略同样适用于男孩和女孩。

作为父母，我认为要特别关注安全问题。我们必须承认，我们的孩子往往很引人注目，还有什么比一个美丽却完全没有能力为自己辩护，或者没办法说出所受虐待的女人更易成为受害者的呢？这是一个残酷的现实，也是灾难的根源。2010年，我最小的孩子在校车上遭到虐待，我为此经历了漫长而痛苦的刑事诉讼、民事诉讼。

我希望你想想自己已经付出的努力，以及你为女儿创设最安全的环境所做的一切。培养女儿具备阅读能力，找到阅读乐趣——从"我能读"简单的书到章节图书再到小说或其他文学作品——这是一个挑战。确保她可以安全地坐在图书馆或咖啡店，看上去完全像个普通人——至少更像个普通人。个人卫生也是很棘手的问题。一个人每天上多少次厕所？5次？6次？习惯了自己去卫生间的女孩是不会喜欢他人帮助的。一天上5次或更多次的厕所时，她的身体的私密性是需要得到保护的。这不是危言耸听，是现实。

　　女儿幼年时你的努力越多，回报就越大。我始终相信我的女儿们是可以获得技能的！我绝不会提前关上她们的"门窗"，因为她们不是建筑，事实上她们在不断地获得技能。当然，她们大部分技能发展的速度像蜗牛一样，她们的一些技能还处于5岁的水平，但5岁的水平优于3岁的水平，这就是进步。如果她们没有掌握你认为她这个年龄应该具有的技能，不要惊慌——坚持努力，会有惊喜的。

　　切记，每个厨师都有他或她自己对食物的"理解"。不同厨师面对同一个食谱会做出不同的菜肴。自闭症也是如此，一条建议对甲有用不见得对乙也有用，但我们都希望找到成功的秘诀。这本书可以让你在养育自闭症女儿的过程中不那么孤单。

　　感谢Tony Lyons和撰写小贴士原书的专家团队。这本书是从教育开始的。如果你是根据书名选择了这本书，这意味着你的女儿已经做过了诊断评估，你需要更深入的了解。希望我提供的这些信息对你来说是有价值的，你会愿意把这本书多读两遍。

第 1 章

教 育

如果你的女儿还不满 3 岁，你应该联系当地的早期干预项目负责人，以获得包括言语治疗、作业治疗、物理治疗等在内的相关服务。这些服务是免费的，多数情况下治疗师都可以提供上门服务。1997 年我们参与宾夕法尼亚州雄鹿县的早期干预项目的时候，Gianna 还是一个新生儿，她连走出家门都非常艰难。你可以在谷歌搜索"早期干预"（Early Intervention）加上你所在州和/或县的名字，或咨询孩子的儿科医生办公室，获取早期干预项目负责人的联系方式。

1986 年，美国国会建立了为身障婴幼儿提供"急需的和实质性的需求"的早期干预项目，旨在：

● 促进身障婴幼儿的发展，使他们发育迟缓的可能性最小化；

● 使身障婴幼儿在达到入学年龄后对特殊教育和相关服务的需求最小化，从而降低社会的包括公立学校在内的教育成本；

● 降低身障人群被送入社会福利机构的可能性，最大化发挥他们独立生活的潜能；

● 提高家庭满足身障婴幼儿的特殊需求的能力[①]。（http://www.parentcenterhub.org/repository/eihistory/）

3 岁以后，你的女儿就可以在当地公立学区获得早期介入服务。这些服务可以是半天或整天的学前班学习。1999 年我从宾夕法尼亚州搬迁到俄亥俄州的哈德逊时，Mia 和 Gianna 都参与并受益于早

[①] Findings of Congress as stated in Public law 99-457(1986). P. l. 99-457 is the statute of the education of the handicapped act amendments of 1986, passed by Congress on october 8, 1986. available online at: http://www. eric. ed. gov/PDfs/eD314927. pdf

期干预评估。另一方面,如果能确保你的孩子享有"早期干预",她便能平稳转衔到学龄段的服务。对于一个疲惫不堪的两个自闭症孩子的妈妈而言,仅仅有校车接送孩子并为孩子提供一上午的早期干预服务,已经是莫大的幸福了。为了女儿和自己,你需要尽可能地充分地利用你所能获取的一切服务。自我保护和促进孩子的进步是同等重要的。

有关特殊教育和维权的法律(www.wrightslaw.com)

家长、教育工作者、维权者和律师们正在为特殊教育法、教育法和身障孩子的维权收集准确且可靠的信息,以促成身障者权利法律的建立。

你可以在维权资料库和法律资料库对"维权"研究进行相关的搜索。在特殊教育权利网站(www.yourspecialeducationrights.com)有几十个主题的上千篇文章、无数案例和资源。该网站的主要目的是通过视频节目,让父母掌握必要的知识和理念,以维护孩子受教育的权利。

特殊教育权利网站是第一个也是唯一一个基于视频资源开发的网站,主要的服务对象是父母。该网站由特殊教育律师 Jennifer Laviano、特殊教育维权者 Julie Swanson 和美国领先教育内容提供商之一 Mazzarella Media 共同开发。

以往,父母没有像这样一个实用的、受用户青睐的平台以了解自己的权利。通过这个平台,你将可以访问随时更新的视频库,了解基本信息,从而为子女寻求适当的特殊教育服务。

《残疾人教育法案》：孩子的权利

根据《残疾人教育法案》(IDEA)，学区可以为孩子提供言语治疗、作业治疗、视力治疗和行为治疗等服务，其前提是个别化教育计划(IEP)团队要把这些服务作为学生个别化教育计划的一部分写入其中。家长需要了解他们所在学区的位置、服务的质量、他们的权利以及该学区的哪些专业人员是最适合为他们的孩子进行评估的。

——Chantal Sicile-Kira，www.chantalsicile-kira.com

《残疾人教育法案》于1990年获准通过，目的是在最小限制环境中为学习障碍孩子提供适当的教育。在为孩子选择最适合的教育时，家长应该是参与者之一。为此，父母需要熟悉法律，知道自己拥有的权利以及可以为孩子寻找到的可获得性资源。

《残疾人教育法案》规定家长的权利包括：随时要求对自己孩子进行评估；成为小组的成员；决定接受哪些特殊教育服务和治疗。

根据《残疾人教育法案》，为孩子制订的个别化教育计划要针对其具体的需求。如要为孩子提供什么样的作业治疗、物理治疗和言语治疗。

当你不能与女儿所在学校达成协议时，你有权进入有行政官员或法官参加的听证程序,这种情况需要律师为你提供服务,你最好事先找到一个精于教育法的律师。

《残疾人教育法案》的重要性何在？家长需要知道:《残疾人教育法案》直到你的孩子高中毕业或 21 岁前都是有效的。此后,政府将根据孩子不同阶段的需求提供相关服务。《残疾人教育法案》要求,所有的儿童(不管是身障儿童还是普通儿童),都有权享受免费和适当的公共教育(FAPE)。为此,美国最高法院进一步解释了个别化教育计划的"适当性",即必须合理满足孩子的教育利益。另外,《残疾人教育法案》规定所有的孩子应被安置在最小限制环境中。请记住:**特殊教育是一种服务,而不是一个地方。**

以下是《残疾人教育法案》提及到家长的一些重要权利:
- 家长有权知道和了解为孩子所采取的一切行动。
- 家长有权参加所有关于孩子评估和安置的会议。
- 孩子的评估和安置需要得到家长的同意。
- 家长有权通过正当程序质疑教育决策。

孩子有权享受如下的相关服务:
- 言语治疗。
- 作业治疗。
- 咨询。
- 护理服务——药物监管。

- 交通设施。
- 健康和交通辅助。

为你的孩子创设最小限制环境的小贴士（Timothy A. Adams, Esq., Lynne Arnold, MA）

不要让你的孩子放弃与其他普通同龄伙伴一起接受教育的机会。最小限制环境是《残疾人教育法案》的基本要求：公立、私立学校或其他护理机构的特殊孩子在最大限度上与普通孩子一起接受教育；只有当孩子的残疾性质或严重程度使得他们无法从辅助性协助和服务的正规班级教育中真正获益时，才考虑将孩子从普通教育环境中抽离，并安置在特教班级、特殊学校或其他机构等。

请记住，普通教育是默认的安置。把孩子安置在带有更多限制性的环境之前，学区必须考虑他们可以为孩子提供什么样的辅助性的支持和服务，调整或改变普通教育环境会使孩子更容易取得成功。

不要害怕问"为什么？"，这是学区的分内之事，他们有义务向你解释为什么这个安置是孩子学习的最小限制环境。在决定哪个才是孩子的最小限制环境的安置前，个别化教育计划小组必须根据孩子之前的表现，给出系列安置意见。作为家长，你是这个团队中最重要的成员。请务必亲自参与，认真对待所有提议的安排，并考虑带上自己请来的评估人员一起参加会议。

❤

要求个别化教育计划团队说明你的孩子在校期间被指定为"融合"或"主流化"的每一学习时间段。确保在任何时间段,她的个别化教育计划(她与一般的同伴相处)都是有意义的。例如,你的孩子在午餐时的融合可能只意味着她与普通教育孩子同时在食堂用餐而已。她可能被限制坐在一个特殊的座位,或者相关的安排可能没有试图促进她与普通学生的互动。

❤

想想你的孩子接触同龄人的好处:可以模仿同龄人发展语言、技能和能力。孩子们互相学习、互相模仿,可以使孩子的学业和社交发生很大的变化,并最终决定孩子在高中毕业时是否可以获得证书或文凭。

❤

不要找借口,带有助教的普通班级比特教班级更有限制性。最小限制环境取决于孩子所接触的那些处于正常发展水平的同龄人。如果一名助教把孩子从她的同龄人身边抽离,应是出于训练和监督的目的,而不是把孩子安置在隔离的特教班的合理理由。

❤

向个别化教育计划团队询问各种不同安置方式的含义。如果学区认为只有特教班级才能很好满足你孩子的需求,那么请确保你自己也了解到这些假设的具体优势。举个例子,特教班级通常有较高的师(教师/助教)生比,但这不是一个简单的数字,一些助教可能会为某个孩子提供一对一的帮助,但可能还会有人数变动,实际的师生比可能不同,而且整个班级的学生数量也会有大幅度的波动。

不要因为没办法解决孩子的问题，就让她离开普通班级。例如，如果一个孩子有破坏性的行为，我们就为其制订一个减少和消除问题行为的计划，如行为干预计划。个别化教育计划团队单纯地把一个带有破坏性行为的孩子安置在特教班级，这是相当不公平的举措。如果孩子的行为带有破坏性，为什么不能安置在普通班级，却能安置在特教班级呢？

不要让孩子的个别化教育计划完全由学区现有的特殊教育机构决定。例如，学区经常会告诉家长，特定的课堂或课程需要孩子有一定的考试分数或符合其他主观标准。尽管你的孩子不适合他们现有的标准，但这并不能成为州和联邦法律推卸责任的理由，学校还是要想办法来满足孩子的教育需求。

注意"适当的教育"一词。你的女儿有权获得《残疾人教育法案》所赋予的免费且适当的公立教育。如果你所在的学区不能提供这个教育，那么他们必须支付你的女儿上私立学校的部分费用。请记住合适并不意味着最好！**最高法院将适当的教育计划解释为"必须合理地为每个孩子提供适当的教育福利"。**

要知道，这些服务都是昂贵的。由于财政压力，国家会提供最低限额的服务,所以请做好争取自己权益的准备。

如果你认为私立学校是最好的选择,那么你将要花费 6 万—10 万美元,而且你还需要一位"教育"律师。这位**教育律师**不是你的律师叔叔或律师邻居,而是一位**专攻教育法律**的专家。询问你心仪的学校,他们手上可能有一份为其他情况相似的家长服务过的律师的名单。你可以拜访其中的一些律师,并最终选择一个你满意的,向其寻求建议。

要知道,父母拥有很多的权利。别等两个月后才去查看结果。如果事情不能很快解决,那就多花点心思去解决吧。教师并不总是像你想象的那样有把握。团队合作才是解决问题的更高效的办法。

——Autism and PDD Support Network,
www.autism-pdd.net/autism-tips.html

你应该和学区一起制订孩子的个别化教育计划。为了更好的准备,请阅读 Lawrence Siegel 律师编写的《个别化教育计划全指南:如何支持你的特殊教育孩子》(*The Complete IEP Guide:How to Advocate for Your Special Ed Child*),并与其他父母交流,有目标地了解他们在学校中的经历。

不要有任何先入为主的想法。如小型学校提供的服务优质,而大型学校提供的服务较差;农村的学校是开明的,郊区的学校可能会使用过时的教学方式。了解你孩子的个别化教育计划团队成员,并保持开放的态度。有时,教师需要有接纳自闭症并帮助孩子的意识,这样他们才会更努力地学习相关的知识。

——Patti Ghezzi,schoolfamily.com,
www. schoolfamily. com/school-family-
articles/article/ 10685-help-your-autistic-child-succeed-in-school

❤

在工作日亲自参访几个学校。千万不要带着孩子一起参与这种初步的、非正式的活动,她可能会变得兴奋、困惑或激动,在短时间内带她参访好几个学校尤其如此。

——Oaasis Information Sheet:Finding a Special
Needs School/Home Learning,
www. oaasis. co. uk/documents/info_sheets/
finding_a_special_needs_school

❤

父母和专业人士常常将孩子融入主流作为教育目标。关键在于,我们应该重点考虑孩子在这些环境中的竞争能力。典型的角色榜样可能是好的,但在现实中,孩子们的互动行为含沙射影。孩子也许能跟上主流班级的步伐,但在社交方面可能是落后的。问问你自己:这些角色榜样是为孩子提供了积极的经验,还是让她感觉被欺负、孤立或无能?

——Laura Hynes, LMSW, RDI Program Certified Consultant,
www. extraordinaryminds. org

当你要参与一个推荐的项目时,要关注以下问题:
- 该项目的教育理念是什么(应用行为分析、"地板时光"疗法、结构化教学法)?
- 班级规模和比例与教师/助教有何关系?
- 学校用这些教学方法(如应用行为分析、"地板时光"疗法等)的时间有多长?
- 在该项目中如何与无口语的孩子交流?
- 该项目取得了怎样的成功(如:孩子们安置在限制较少的班级)?
- 该项目为家长提供了什么方案?
- 教师在这所学校任教了多长时间?
- 教师与自闭症儿童的相处经历是什么?
- 该项目如何提供相关的服务?
- 该项目目前为班上的学生提供哪些服务?
- 学校是否有一名公认的具有特定信念的咨询师或主管?
- 顾问/主管是否有对学校工作人员进行持续的培训?
- 这个班级孩子的年龄范围是多少(确认每个班级的年龄差不大于3岁)?
- 特殊儿童在哪里吃午餐和娱乐?
- 这里有融合的机会吗?
- 职工是如何处理孩子的问题行为和自我伤害行为的?
- 在学校,教师会使用何种方法强化孩子的行为?

- 学校有医务人员吗?

不要忘记观察课堂,并做全面的笔记!

♥

如果一所学校告诉父母,除非用药,不然孩子不能再回到学校,那么这种行为一定是非法的。

与学校沟通

最重要的是与学校建立公开的沟通。尽量不要采取威胁的方式。你可以与他们成为朋友,得到你所需要的帮助。

——Autism and PDD Support Network,
www.autism-pdd.net/autism-tips.html

♥

如果成为朋友是无效的,请做好维权的准备!

♥

在沟通时,一定要及时表达任何疑虑或想法,并附上便条。请展开相对正式的沟通,因为讨论可能会比较随意。通过前期的沟通,你可以不再感到生气和沮丧;通过早期的介入,则可以避免孩子在成长后期出现更大的问题或危机。

——Autism and PDD Support Network,
www.autism-pdd.net/autism-tips.html

♥

考虑好你的选择。当你与孩子的教师有争议的时候,或者认为你孩子的需要可能超过学校所能提供的时候,可以考虑私人的治疗,这也是保险所涵盖的范围。如果你无法帮孩子争取到权利范围内的服务,可以考虑聘请一位律师或专攻特殊教育的律师来帮助你与学校进行沟通。谁的嗓门大,谁就会赢(有理的人一般是不会输的)。

——Patti Ghezzi,schoolfamily.com,
www.schoolfamily.com/school-family-articles/article/10685-help-your-autistic-child-succeed-in-school

❤

无论是在小学、中学还是高中,自闭症儿童获得支持的第一步都始于父母与学校教师和领导的会面。法律规定每所公立学校都要为所有学生提供特殊的服务。因此,通过早期家长与学校的会面,学校可以为自闭症学生量身制订相关的学习计划。

——Grace Chen,"5 Tips for Helping Your Autistic Child Excel in Public Schools," www.publicschoolreview.com/articles/88

❤

随着美国自闭症发生率的不断上升,许多学校正在为自闭症学生提供课程、开设班级和提供相关资源。如果学校无法提供这些资源,可以询问当地领导,附近有哪些合作县/学区可以提供对自闭症儿童的具体支持。

——Grace Chen,"5 Tips for Helping Your Autistic Child Excel in Public Schools," www.publicschoolreview.com/articles/88

❤

记录好孩子的情况和学校需要的资料。如果你的孩子被诊断为自闭症,请确保学校可以获得诊断的副本。这看起来是理所当然的,但在某些情况下,学校和学区会明确地指出,他们并不知道如何诊断自闭症。

——www.wellsphere.com/autism-autism-spectrum-article/ta-tips-tips-for-securing-a-teachers-assistant-for-your-autistic-student/146550

使用日志是保持沟通的一个非常有效的方法。教师(以及和你的孩子一起工作的其他人)每天都会记录下相关信息,并把信息反馈给你。家长阅读教师所记录的内容并回应,并将反馈单交给孩子。这对于无口语的孩子而言,是特别有效的,日志促进了父母和教师之间的沟通。有时候,家长给教师写信可让双方都按照自己喜欢的方式表达想法。

——Autism and PDD Support Network, www.autism-pdd.net/autism-tips.html

及时通知教师你家中发生的任何异常情况。一个焦虑的孩子将无法参与活动,还经常会表现出破坏性的行为,甚至可能逃离学校,这些都可能引起教师的误解。对像父母离婚、祖父母生病、新生儿诞生等这些生活变化,不同孩子的反应是非常不同的。

——Autism and PDD Support Network, www.autism-pdd.net/autism-tips.html

在出席会议之前,把你想说的事情以清单的形式罗列出来,并随身携带。当你与专业人士会面的时候,给自己足够的时间来与他们讨论这些重要的问题。

——Autism and PDD Support Network,
www.autism-pdd.net/autism-tips.html

❤

如果你想让女儿进入全面融合的环境,一定要确保学校可以为她提供一个安静且安全的"基地"。这可以帮助她复习课堂所需要的知识,或者有能力应对任何压力和挑战。

❤

如果有新教师加入,这将是一个相当大的变化。你需要在开学之前与这位教师会面(只有孩子和家人在场),这对未来将是有帮助的。为了实现对孩子的期望,请在开学之前尽可能明确地了解这位教师的要求。

——Lars Perner, PhD, www.aspergerssyndrome.org

❤

"如果有些事情使我感到困扰,我可以……"写有这句话的视觉提示卡可以被粘贴到孩子的桌子上,或者被放在一个小相册里,如:
- 举手请求帮助;
- 闭上眼睛,从 1 数到 10;
- 深呼吸 5 次;
- 请求休息。

——Roger Pierangelo and George A. Giuliani,
Teaching Students with Autism Spectrum Disorders

❤

　　当我小的时候，大的噪音如学校的钟声会让我很不舒服，这好比牙医用钻头刺痛了我的神经一样。自闭症儿童需要避开那些伤害他们的声音。有可能伤害他们的声音有校铃、扩音系统、健身房记分板上的蜂鸣器以及在地板上移动椅子产生的声音等。

——Temple Grandin，PhD，
author of *Thinking in Pictures* and *The Way I See It*，
www.autism.com/ind_teaching_tips.asp

❤

　　孩子对声音的恐惧会引发不良行为。如果孩子捂住了她的耳朵，这说明某个声音伤害了她。你可以将这些声音用录音机录下来，在孩子熟悉这个声音的过程中逐渐提高音量，从而降低她对特定声音（如火警）的敏感度。孩子必须要学会适应所要播放的声音。

——Temple Grandin，PhD，
author of *Thinking in Pictures* and *The Way I See It*，
www.autism.com/ind_teaching_tips.asp

❤

　　学校消防演习，需提前告知孩子。

❤

　　一些自闭症儿童会因荧光灯而分心并感到困扰。为了避免发生这样的问题，可将孩子的桌子放在靠近窗户的地方，或尽量避免使用荧光灯。此外，你还可以购买新灯泡，因为新灯泡较少出现闪烁。在

孩子桌旁放置一个陈旧的白炽灯,也可以减少荧光灯的闪烁。

——Temple Grandin,PhD,

author of *Thinking in Pictures and The Way I See It*,

www.autism.com/ind_teaching_tips.asp

食谱

披萨面团

改编自 Dom Deluise 的这个食谱,将会让你感觉更好。

1 包酵母粉;

1 杯温水;

3 杯通用面粉;

1 汤匙橄榄油;

1 汤匙粗盐。

打开烤箱预热。将酵母粉溶解在温水中,搅拌直至发泡。将面粉放入碗中,加入盐、橄榄油和温水,搅拌 10 分钟直到形成光滑的球状。如果没有搅拌机,可把面粉放在两层蜡纸上,在中间挖一个洞,往里面加入盐和橄榄油,然后用一只手慢慢地往下面滴水,同时另一只手搅拌面粉。把湿面团拿起来,用手揉 15 分钟(这是有治疗效果的哦!)。直到面团球光滑,再将面团放入一个装有油的大碗里,盖上一块湿润的毛巾放入烤箱。暖光和无风的环境将会提供足够的温度,帮助酵母发酵。生面团是很好的,但吃了会拉肚子。约半小时后，面团体积会增加一倍。把它切成两半，做两块面包。

为了制作美味的无麸质比萨，我推荐你使用亚瑟王（King Arthur）的无麸质面粉和披萨混合物。如果你所在的当地商店里没有这个产品，你可以直接向公司订购。

第 2 章

治 疗

当 Mia 的发展放缓，并逐渐偏离正常的轨道时，除了早期干预我别无他法。现在看来，这大错特错，与其纠结、自责，不如直面现实。当好心帮助却事与愿违时，我们会倍感沮丧。缺乏知识和治疗费用并不是什么罪过，现实中这很常见。下列信息将有助于你做出更佳的选择，你可以根据治疗的效果、适用性、财力及你的能力、时间要求，实施最佳的治疗方案。

与治疗师合作时，你们不一定会成为最好的朋友，相互之间建立融洽的关系即可。应用行为分析中看似"苛刻"的技术可能会吓到你。此外，不要混淆治疗师的"游戏脸"（game face）和个性。有一些疗法需要"不近人情"。在了解治疗师的治疗风格的同时要告诉治疗师你对孩子的行为的期望。在这个布满荆棘的道路上，你会产生挫败感，但这可以帮助你弥补自己的不足。

为此付出一切

一旦你的女儿被诊断为自闭症，或自闭谱系障碍中的任何一种类型，她就有权享受医疗补助。父母可以通过谷歌搜索当地的"医疗补助项目"，找到一些机构。这些机构的工作人员会免费为父母介绍一些补助项目以及申请的流程和获得补助的途径。

在支付医疗费用时，遵循"桶式系统"（bucket system）原则：

第一桶，保险或医疗补助。如果都不在两者的使用范围之内，则：

第二桶，灵活的支出账户。如果不符合资格或费用超支，则：

第三桶，扣除医疗费用。一项"良好的医疗费用"（good medical

expense)可降低季度性的税收。

♥

父母也可以通过州或地方法律寻找额外的资源帮助特殊孩子。举个例子,残疾人的停车位的服务对象为包括自闭症人士在内的各类特殊人群。父母可以通过了解这些能帮助孩子获得服务的途径,获得最大化的利益。此外,你还可与"专家型"的家长进行交谈。同时,询问当地的州代表是另一个有效的途径,因为他们非常渴望能帮助到自己的选民。

如何建立治疗小组

记录好一切相关资料。坚持整理和归纳所有与自闭症相关的文件、笔记和记录。这不仅可以减轻工作人员的压力,而且有利于促进多学科、有活力团队之间的有效沟通。

♥

你会收到一堆纷至沓来的申请表格,当中会有很多重复的内容,所以,你需要对它们进行整理,并掌握各种最常见的咨询信息。

♥

你可以根据自己的感觉选择新的治疗师。在与治疗师相处的早期阶段,就可以感觉到与其相处是否轻松。即使是那些声誉好的治疗师,也不一定是你的女儿及家人的最佳选择。

——Lauren Tobing-Puente,PhD,licensed psychologist,
www.drtobingpuente.com

积极参与孩子的治疗,亲自参加他们的一些治疗课程。如果对课程有疑问,可以提出自己的意见。此外,还要认真倾听治疗师的反馈。强化孩子目前行为方面一些技能的学习效果,并给予反馈意见。

——Karen Siff Exkorn,*The Autism Sourcebook*

应用行为分析(Applied Behavior Analysis,ABA)疗法

应用行为分析疗法是一种非常有效的治疗模式,它可以治疗自闭症典型的认知、注意力和语言缺陷。目前,应用行为分析是应用于自闭症孩子教育干预中最常见的方法之一,也是许多自闭症孩子教育计划的理论核心。

——Jenifer Clark,Ma,PhD(c),"Applied Behavior Analysis,"
Cutting-Edge Therapies for Autism

应用行为分析是一种经验支持的方法,对自闭症孩子学习关键技能有良好的促进作用。一项应用行为分析计划通常侧重于沟通技巧、社交技巧、粗大动作和精细动作技巧及认知技能的强化。"强化"的基本原则是激励那些学习动机较弱的孩子。随着孩子与其他人的社会联系越来越紧密,可以用社会强化物取代他们的主要增强物(如食物),如赞美和嘲讽。为每个孩子设定的目标可以分解成多个小目标,以便让他们获得更多成功的机会。消除孩子的问题行为,或设法用新行为取代其问题行为。"不被期望的行为"与"不想要的行为"两

者抗衡,结果就会导致一个替代行为的产生。在某种特定的情况下,正向行为有可能被大大强化,从而取代负向行为。

——Jenifer Clark,Ma,PhD(c),MERIT Consulting

应用行为分析治疗应尽早开始。每周接受治疗的时间足够(如次数在 30 次及以上)的孩子比接受治疗时间更少(如次数在 15 次及以下)的孩子的治疗效果更好。连续治疗两年及以上疗效更佳。

——Dr. Doreen Granpeesheh,Dr. Jonathan Tarbox,
and Dr. Michele Bishop,
"Center for Autism and Related Disorders,Inc.(CARD),"
Cutting-Edge Therapies for Autism

自闭症孩子可能无法通过家庭或学校环境中的日常互动获得技能。为了有效地教导孩子,可以把任务分解成小的、可测量的目标,并且引导孩子反复练习每个技能,直到掌握为止。一些技能可以成为其他更复杂技能的基础(例如模仿和参与)。

因此,我们可以从最基本的技能开始,在此基础上逐渐帮助他们学习更高级的技能,并带领他们在许多不同的环境中学习。一旦孩子掌握了技巧,就要让他们定期进行练习,以确保其在往后的一段时间内仍能掌握已获得的技能。

——Dr. Tiffany Kodak and Dr. Alison Betz,"Center for
Autism Spectrum Disorders,Munroe-Meyer Institute,"
Cutting-Edge Therapies for Autism

♥

在越自然的环境中教导自闭症孩子学习生活技能,其学习效果越好。

——Jenifer Clark, Ma, PhD(c), "Applied Behavior Analysis," *Cutting-Edge Therapies for Autism*

♥

认知行为疗法可以帮助那些在情绪处理上有困难(如不会应对愤怒、悲伤或焦虑等情绪)的自闭症孩子,这种疗法对女性自闭症患者非常有效。

行为治疗计划(Behavioral Treatment Plans)

请浏览 Steve Kossor 创办的网站:www.treatmentplansthatworked.com。

一项行为治疗计划应涵盖所有必要的信息,可让工作人员在适当的时间提供合适的治疗程序,并且这个计划应该具有高度的一致性,以应对在执行计划中出现的变化,包括减少或消除不良的行为、增加或改善所期望的行为。同时,工作人员还需根据监测的进展情况调整治疗的过程。

♥

任何行为治疗计划都应明确指出孩子需要减少或消除的具体不良行为,并清晰地描述"目标"(target)行为将要取代哪些不良行为。"告诉孩子不要做什么"几乎是没有作用的;反之,应该指导"孩子具体应该做些什么"。

一项治疗计划应该清晰地描述治疗师完成"目标"替代行为的过程。治疗师应该非常熟悉治疗计划,并且做到心中有数,即知道在哪些环境及哪个时间段使用哪些技术。当使用专业术语[诸如"治疗协议"(contingency contracting)]时,需要向家长解释说明。除此之外,治疗师需要知道自己在治疗计划外还能做哪些事情。

治疗计划应自始至终采用一个简单且可测量的方法,并从被治疗者的角度而非治疗师的角度衡量进展。结果进展测量应该包括"基线期"的测量,这一测量是为了衡量治疗干预开始之前孩子的起点行为。如果不了解孩子原来的状况,怎么能很好地观察到他们的进步呢?

治疗小组应在治疗计划的截止日期前向资助机构汇报相关的情况,以获得下一轮的资金和物资。只要孩子仍在资助服务的范围内,她就有资格获得相应的服务。此外,如果工作未能圆满地完成,获得持续的资助是非常必要且合理的。

发展性和关系性疗法(Developmental and Relationship Therapies)

地板时光(floortime):出于某种特定目的,父母与孩子一起玩耍。对许多孩子来说，最具挑战性的是社交困难和延迟的沟通能力。这都可通过有趣的亲子互动解决，例如采用"地板时光"活动。建议父母阅读 Stanley Greenspan 撰写的《吸引自闭症》(*Engaging Autism*)，并参照书中的方式进行活动。在 www.icdl.com/dirfloortime/overview/index.shtml 这个视频网站上，有许多"地板时光"的相关信息、治疗的教学视频以及培训父母的方法。

父母可以实施诸如人际关系发展干预法(Relationship Development Intervention，RDI)和 Son-Rise① 计划等。但是，他们需要先接受相关认证顾问的培训，然后方可在家实施。请查看 www.RDIconnect.com 和 www.AutismTreatmentCenter.org 这两个网站来获取更多的资讯和了解所在地区的治疗师。

融入孩子的世界。采取 Stanley Greenspan 的方法，积极融入孩子的世界，如参与到孩子喜欢的刺激游戏当中，或有意地打断游戏，以此来吸引他们的注意力。举个例子，如果他们喜欢待在地板上的某个区域，你就可以坐在那里不动。如果他们需要你挪位，他们就会与你沟通。

---

① 自 1983 年以来，美国自闭症治疗中心为照顾自闭谱系障碍儿童的父母和专业人士提供了创新的培训计划。Son-Rise 计划提出了一个特定而全面的治疗和教育系统，旨在帮助家庭和照顾者促进孩子在学习、发展、沟通和技能等所有领域得到显著改善。它提供了高效的教育技术、策略和原则，制订了一个具有丰富刺激的以家庭为基础和以儿童为中心的一对一计划。

♥

任务应该是带有趣味性的。虽然这是教育孩子的工作，但是你（和治疗师）越是感到有趣，你们就越能参与其中，并获得更大的动力。

♥

让孩子感到舒适。他们看似没有注意到你，但却能感受到你为人处世的风格。所以，你要努力让自己变得热情、乐观和受欢迎。

♥

记住：你女儿不可能从 0 岁活到 60 岁再回到 0 岁。一个正常的孩子能以"退一步"的方式思考问题，并通过"深呼吸"的方式控制自己的情绪。然而，一个自闭症孩子只会深陷在自己的世界当中。这个时候，就需要你拉她一把。

物理治疗和作业治疗（Physical/Occupational Therapy）

早期的物理治疗包括对坐姿、滚动、爬行、站立和行走等的干预。随着孩子年龄的增长，他们可能需要接受物理治疗以解决肌肉力量、耐力、平衡、动作协调、球的技能和各种形式的运动问题。

——Meghan Collins，"Physical Therapy，"
Cutting-Edge Therapies for Autism

♥

找一个作业治疗师，许多自闭症和感觉统合功能障碍的小孩肌张力偏低，他们倾向于依靠关节的末端部位维持自身的平衡。以一个用脚趾行走的孩子为例：他的背部将会是拱起的，同时他的肩膀会是向后倾的。还有，"W"形坐姿的孩子，其背部是向后的，肩膀是向前的，头部和颈部会歪斜着。这些姿势会阻碍他们正常运动的发展，进而妨碍他们与外部世界的互动。上述两种姿势都阻碍了孩子重心的转移，这将进一步阻碍其躯干的转动，使其无法完成旋转的动作，他们整合视觉、听觉、动作和空间信息的能力也会受到较大的影响。

——Markus Jarrow, "The SMILE Center,"
Cutting-Edge Therapies for Autism

检查作业治疗的疗效，作业治疗旨在解决绝大多数自闭症孩子感官需求和动作协调方面的问题。治疗师会使用各种各样的工具，包括球、操作工具、橡皮泥，帮助孩子学习忍受噪音、克服对纹理形状和特定的环境的恐惧，并提升孩子的精细动作和粗大动作的技能。

不管临床医生的能力有多强，他们每周与孩子在一起的时间也只有1—2个小时。因此，家庭方案至关重要，家长要培养好的感官习惯，调整家庭的常规安排、让孩子适应日常生活习惯（包括玩玩具、穿衣服），以及为在家庭和学校进行具体的治疗方案等活动做好规划。良好的感官习惯，能大大减少孩子的生活障碍。

——Markus Jarrow, "Occupational Therapy and Sensory Integration,"
Cutting-Edge Therapies for Autism

孩子的感官问题,往往会被误认为是行为问题。如果孩子有前庭和视觉方面的问题,这会影响他们对空间位置的感知,使他们很难在椅子上坐直,而且会不时地倾斜身体。为了避免跌倒或尴尬的情况出现,孩子可能会持续性调整坐姿,或不断地离开座位。在这种情况下,人们就会把她视作一个"坐不住"(多动)的孩子。

——Markus Jarrow, "Occupational Therapy and Sensory Integration,"
Cutting-Edge Therapies for Autism

通过游戏与自闭症学生交流,并与他们建立初步的教学交往关系。

——Amanda Friedman and Alison Berkley, "Sensory Gym: Emerge and See,"
Cutting-Edge Therapies for Autism

大多数儿童喜欢两种类型的感觉游戏(sensory play):控制自我和物体、释放情绪和能量。

——Amanda Friedman and Alison Berkley, "Sensory Gym: Emerge and See,"
Cutting-Edge Therapies for Autism

学生在动手操作时,能取得很大的脑力进步。

——Amanda Friedman and Alison Berkley, "Sensory Gym: Emerge and See,"
Cutting-Edge Therapies for Autism

物理治疗可通过提高孩子的粗大动作技能改善其社交活动,因此要鼓励孩子多参加一般性的游戏和需要肢体参与的活动。在治疗期间,孩子的积极性是否有提高是评估物理治疗成效的一个重要指标。事实上,只要孩子乐在其中,那么目的就已经达到了。

——Meghan Collins,"Physical Therapy,"

Cutting-Edge Therapies for Autism

言语语言疗法(Speech-Language Therapy)

言语语言疗法可为各种形式的沟通障碍提供补救性措施:

● 语言障碍(language disorder):接受性(理解力)、表达性(使用口语)、书面性或其他符号系统的功能受损;

● 言语障碍(speech disorder):言语的发声不清晰、不流利或声音受损;

● 语用障碍(pragmatic disorder):使用和理解社交语言的能力受损(包括口语和非口语);

● 听力障碍(hearing disorder):听觉系统受损;

● 中枢听觉处理障碍(central auditory processing disorder):外周神经和中枢神经处理、检索和组织信息的能力受损;

● 音韵障碍(prosody disorder):言语的超音频(语调、声压)受损。

——Lavinia Pereira and Michelle Solomon,"Speech-Language Therapy,"

Cutting-Edge Therapies for Autism

❤

0—3岁和学龄阶段的孩子可获得当地的言语和语言服务。当地政府的相关机构会对 0—3 岁的孩子进行初期评估,并将评估结果作为孩子能否获得服务的依据;相关机构会对学龄阶段的孩子进行评估,以确定他们是否可以接受学校所提供的言语治疗服务。此外,你还可以通过访问美国"言语—语言—听力协会"(American Speech-Language-Hearing Association,ASHA)网站(www.asha.org)询问孩子的医生、联系当地支持性团体和机构等方式寻找所在地区的持执照治疗师的相关信息。

——Lavinia Pereira and Michelle Solomon,"Speech-Language Therapy,"
Cutting-Edge Therapies for Autism

与自闭症孩子在一起的时候,调整周围环境是至关重要的,这可以减少他们(如感觉障碍和注意力缺陷的孩子)分心,并为其提供其需求的额外支持,具体包括如下内容:

- 减少视觉干扰(尽量少用或不用装饰品)。
- 安排具有支持性的座位。
- 座位安排在远离窗户的位置。
- 提供良好的照明。
- 建立工作区域、感官区域和"休息"区域。
- 重视可能分散孩子注意力的潜在干扰物(如灯具产生的噪音、空调的嗡嗡声、会发热的物品、闷热的天气)。
- 把玩具和材料放在柜子里面,并确保孩子无法拿到。

——Lavinia Pereira and Michelle Solomon,"Speech-Language Therapy,"
Cutting-Edge Therapies for Autism

下述活动有利于促进孩子与外界沟通和互动：
- 常规活动（日常生活的活动——穿衣习惯、吃零食和睡觉）。
- 创作社交场景的脚本，并不断练习（邀请同龄人共同玩耍）。
- 社交故事（通过阅读故事解决社交问题）。
- 重复阅读材料，增强孩子对知识的理解（使用"我要"开头的短语，如我要看什么书，我要听什么歌）。
- 使用完整的句型（如：鸟在空中飞行）和填补句子（如：准备好出发）。
- 破坏事物的完整性（把孩子喜欢的玩具放置在其拿不到的地方，或提供缺少零件的玩具）。
- 团队治疗（group therapy）（提供同龄人的社交行为典范）。
- 在自然的环境下进行对话，提高沟通的质量（carryover）。
- 使用科学技术工具（如电脑、手持式游戏系统）鼓励孩子自主学习，并为其提供视觉反馈信息。
- 制定会议的常规流程。
- 将会议时间控制在人们能保持注意力的时间范围之内。

——Lavinia Pereira and Michelle Solomon, "Speech-Language Therapy,"
Cutting-Edge Therapies for Autism

在自然环境下，教导孩子如何与他人互动，并确保有"可教学"的时间。此外，若有更明确的活动目的和意义，会大大增加孩子的学习动机和欲望。以食品知识为例，相比在办公室或卧室里使用食品图片和假装游戏教学，言语语言病理学家（SLP）更喜欢在厨房里进行教学,让孩子参与真正的食品加工活动(如:烹饪、切割、品尝),以便能获得更多知识和切身生活体验。

——Lavinia Pereira and Michelle Solomon,"Speech-Language Therapy,"
Cutting-Edge Therapies for Autism

音乐治疗(Music Therapy)

许多自闭症孩子喜欢并精通音乐。因此,父母可以和他们一起唱歌、跳舞,并为其提供玩具乐器。在这样的环境下,对音乐感兴趣的孩子可以进一步学习专业性的乐器知识。

——Angie Geisler,"Fun Activity Suggestions for Parents of Children with Autism,"
www.brighthub.com/education/special/articles/57559.aspx#ixzz0l0Qc6jnt

第 3 章

医疗和营养治疗

下面提供的最新信息,可以帮助你的孩子"由内而外"得到治疗。最近两年有一些重要的报道指出,"微生物组"(微生物组学是对某一特定环境中全部微生物的总和进行系统性研究并探明其之间的相互作用的学科)与大脑、肠道问题和心理健康之间有联系。

"人体微生物组,是生活在人体内的数万亿微生物的集合,这种集合不是随机的,科学家认为它在许多基本的生命过程中起着重要作用。随着科学的不断发展和科学家们对微生物物种的身份与活动了解的加深,微生物学家们希望将微生物群落组成、宿主遗传与人类健康联系起来。

——http://academy.asm.org/index.php/faq-series/5122-humanmicrobiome

美国微生物学会(American Society of Microbiology)提到:"在2岁之前,婴儿会逐渐获得类似于正常成人的微生物组。在出生后不久的一个特殊的时期,婴儿体内就会有罕见的微生物产生——它们后来被改变了。早期因素——如剖腹产、配方喂养,特别是在生命早期使用抗生素,对婴儿建立微生物群落有关键影响,这已经引起了研究者的关注。不同的情况对微生物组的长期影响是未知的。

长期影响是未知的,这让我有些担心。我们知道,过去的25年里,儿童健康已经发生了变化。以前常见的儿童疾病,如水痘,甚至是麻疹,慢性疾病如食物过敏、哮喘和发育迟缓,包括频谱紊乱障碍(Spectrum Disorders,是一种精神障碍,它包括一系列相关的条件,有时还包括单一的症状和特征)等已经得到了控制。

了解孩子的胃肠道系统运转是否正常无需通过科学研究。当我的女儿 Mia 感到不适的时候，我就让她食用全脂牛奶和麦圈。可不到两周，她就不得不吃下了第一个栓剂（指药物与适宜基质制成的具有一定形状的供人体腔道内给药的固体制剂）。帮助改善自闭症行为的方法之一是采取"由内而外"的方法，即一种生物医学治疗的手段。

生物医学治疗是一种系统的方法，可以治疗自闭症个体内在的潜在问题。通常，生物医学治疗由内科医生负责实施，内科医生还会为有特殊病症的人进行个性化治疗。

有多种不同的生物医学疗法可以满足孩子的需要。通过正确的治疗，许多自闭症症状，如刻板行为是可以被治愈或在一定程度上得到改善的。

——http://www.generationrescue.org/recovery/biomedical-treatment/

网上有很多可靠、有用的信息。建议你直接去 www.tacanow.org 网站和 www.generationrescue.org 网站上查询。你也可以通过"代际救援"（Generation Rescue，代际救援组织是一个非营利性组织，也是自闭症和抗疫苗宣传的平台，专为自闭谱系障碍的儿童提供指导与支持，促进治疗）申请获得一份治疗补助金，并通过社交媒体或其他方式与其他家长沟通交流。另外，儿科专科医学院（Medical Academy of Pediatric Special Needs，MAPS）也会专门培训对孩子有帮助的医生。你也可以在 http://www.medmaps.org/ 上查到代际救援人员的名单——他们中的很多人都是牙科硕士（Master of Dental Surgery，MDS）。（http://

www. generationrescue. org/resources/find-a-physician/）

对许多家长而言，各种生物医学治疗及其饮食要求是这场战斗中最具挑战性的部分，他们很容易被许多的信息所困扰，所以在一天内最好专注于一种治疗。记住：无论是多么艰难的一天，都要坚持，因为明天是崭新的一天。

如何找到和选择医生

以下是为孩子选择医生时，需要问的问题：

- 你治疗过的自闭症患者大约有多少？年龄范围是多少？
- 如果我们有医学方面的紧急情况，如何联系你？
- 你和你的病人共享电子邮件地址、手机号码等吗？
- 你能与其他专家合作解决（胃肠等）问题吗？如果他/她能接受，你愿意和孩子的儿科医生合作治疗和测试吗？
- 你是否会提供一个明确的补充方案，你会从哪里获取它们？
- 你最初接受培训的主要医疗专业（即：儿科、家庭医学）是什么？现在你从事的主要领域是什么？如果你不是一个医学博士（MD）或骨疗法医学博士（Do），你是否有目前领域的资格证书？
- 你是否销售专有的营养补充剂或与补充剂供应商达成了销售协议？你们销售营养品吗？
- 你要为出于商业目的的实验室测试买单吗？你是如何降低费用的呢？

——Autism Research Institute，www. autism. com/pro_questions. asp

在下面的链接中，你可以找到一份有关医生和持有资格证书的专业卫生保健人员的名单。这是非常重要的资源，因为其中每一位医生都是接受过自闭症专业治疗训练的，不妨将代救援组织也介绍给其他家长。

——http://www.generationrescue.org/resources/find-a-physician/

儿科医生的治疗手段应相对完整（包括生物医学、教育等）。他们一般会花时间讨论你所关注的一些问题，也会花时间和你一起解决这些必要的问题。

饮食——试一试！

你可能听说过某种专门的"饮食"可以治愈自闭症。这种饮食通常指的是无谷蛋白/无酪蛋白，我在女儿的饮食方面花了一年多的时间。他们的第一个无麸质(GF/CF，麸质也叫做面筋，是一种通过清除小麦和其他谷物淀粉萃取获得的蛋白质)早餐是薯片和橙汁。

讨论治愈自闭症(The Talk About Curing Autism)的网站，无疑是着手为自闭症儿童准备食物前的最佳信息来源。请亲自购买食物并向孩子的奶奶解释为什么孩子不能再吃黄油曲奇——家庭和朋友有时候会成为成功的障碍，影响孩子的进步。

——https://www.tacanow.org/tag/gfcf/

如果你怀疑某一特定的食物可能会影响孩子的行为，就用两个星期的时间测试一下，看看结果如何。这也将成为医疗团队的线索。对了，还有其他的孩子不能吃的食物可别忘了提醒学校。

♥

与其他孩子一样，自闭症儿童也不可以吃金鱼饼干和糖果。

——Judith Chinitz, MS MS, CNC,
author of *We Band of Mothers*

♥

自闭症儿童容易营养不良，通常是缺乏维生素和矿物质。这在某种程度上可能是极端的饮食习惯造成的（他们可是出了名的挑剔）。障碍也可能是吸收不良引起的。生物医学治疗在处理吸收不良时，常会在饮食中添加消化酶，以去除一些成分（通常包括面筋和酪蛋白）和不能被身体吸收和利用的营养，这样就可以稳定胃肠道功能，从而改善个体的认知功能。这样，说不定许多自闭症的消化吸收功能可以完全恢复正常。

♥

这种方法对父母来说很有挑战性。饮食改变通常并不昂贵，但却很难实施，也没有任何保证，但成千上万的父母会告诉你，这是值得的。行为的改变、肠道功能的改善、语言的增加以及自我刺激的减少是生物医学干预的良好效果。如果你打算这么做，一定要坚持到底——半途而废是不太可能出成效的。

♥

选定饮食：列出孩子喜欢和会吃的所有食物，看看有什么共同之处？也许它们都是淀粉类的、甜的、咸的、乳制品或者其他同类型的食物。一个经常吃冰淇淋、香蕉、葡萄、巧克力布丁、甜味酸奶、苹果汁和番茄酱的孩子会选择牛奶和糖而拒绝其他食物；一个喜欢百吉饼、饼干、麦片、椒盐卷饼和华夫饼的孩子也会选择小麦类食物而拒绝其他食物。若孩子只偏爱这些食物,尤其是奶制品和小麦类,就需要备加注意。要观察孩子的一些症状:会起疹子吗?饭后是脸红还是耳红?胃胀吗?有腹泻或便秘吗?对疼痛感觉迟钝吗?同时要注意这些症状是否与某种食物有关。例如,孩子是否在食用某一种特殊的食物后脸颊发红?一天中特定时间、饭前或饭后,孩子行为会更糟糕吗?

请坚持3个月的饮食干预,你可以加入某个在线支持小组,如www.gfcfdiet.com 就有相关信息。你可以选好时间,利用一天或两顿饭的时间接受在线指导。

♥

做好饮食日志至关重要。请准备一个螺旋板或笔记本,在每页纸的左侧列出孩子吃下的每一种食物,在右侧记录下你所观察到的孩子的一切变化,诸如攻击性、哭闹、红耳朵、瘙痒、肠道变化或睡眠问题等。

♥

在最初的几天里,你可能常容易发火、感到沮丧或想要放弃。请坚持下去,并让孩子知道这是重要的事情。

♥

保持简单:不要买市场上已加工过的鸡块,请让孩子吃你亲自烘烤的普通鸡肉。把鸡肉切成孩子喜欢的形状让孩子蘸酱吃,既快又便宜。你可以让孩子吃生的或煮熟的水果和蔬菜,如果孩子觉得太素,你可以做一个简单的调味汁混合成意大利面酱或汤。

对于愿意在家里学做一些简单食物的人来说,饮食干预不会增加家庭食品支出,反而可能会帮你省下不少钱。出门时打包健康、安全的食物,就不用在快餐店吃饭了。

获得支持:写一些关于饮食的文章,让家人、老师和其他照顾者看一看,告诉他们你在做什么,为什么这样做,同时寻求他们的支持。

请记住:孩子对小麦和乳制品没有过敏反应,并不等于他们可以接受这些食物。

有时饮食的改变可以在短时间内取得显著效果。尤其是那些先前喝了大量牛奶或食用了大量奶制品或麦类食物的孩子,在一周内就有可能出现变化。但是对大多数人来说,这种变化要在几周后才会显现出来——若意外摄入禁忌食物,还会出现明显的倒退。能在几天内出现变化当然求之不得,如果没有,也不要灰心。

多数人在一到两周内可以养成新的饮食习惯,现在有许多产品都可替代传统的小麦制品。超市和健康食品商店都有商业上可用的无麸质面包,无麦或面筋的饼干由谷物、大米,甚至是坚果制成,它们的使用广泛。如果孩子喜欢吃意大利面,你可以选用无谷蛋白替代品,它们有不同的形状和尺寸,可以在任何食谱中使用。一旦掌握窍门,无谷蛋白烘烤将是一种十分经济的方法,可以为家人提供他们喜欢的烘烤食品。

♥

你可能认为,"挑食的人唯一愿意吃的东西就是谷蛋白和酪蛋白",其实不止你一人这么看。事实上孩子的回应才是最重要的。一些父母说:"我不大可能咨询营养师,我的孩子只是挑食罢了。"然而专业人士所接受的训练正是解决挑食问题,他们很少听到父母说自己的孩子喜欢吃各种健康的瘦肉、水果和蔬菜。

♥

通过无麸质的饮食摄取足够的钙:

- 例如甘蓝、羽衣甘蓝和白菜等绿色蔬菜都是钙的极佳来源,但是草酸盐(草酸盐对黏膜具有较强的刺激作用)含量较高的蔬菜水果(如菠菜、草莓等),应尽量避免(在不需要补充草酸盐的情况下)。
- 某些鱼类,如鲑鱼和鲈鱼,也是钙的优质来源,但需要买没有汞或其他环境污染的鱼。
- 一汤匙的糖蜜含有172毫克的钙(还有铁),如果酵母不成问题,它将是一个很好的烘焙食物的选择。
- 一些坚果、豆类和种子(如芝麻籽)含有丰富的钙,但应该考虑孩子的吸收情况。
- 最后,如果孩子不能从食物中获取足够的非乳制品的钙,还有很多好的补充剂可以选择。

♥

为了避免摄取毒素,应远离有毒鱼类,特别是那些体型较大的长生物种。如剑鱼,它们更多地吸收了海洋中的汞。其他鱼类包括:

方头鱼(tilefish)、枪鱼(marlin)和鲨鱼(shark)等。你可以通过自然资源保护委员会(Natural Resources Defense Council)查看更详细的鱼类名单：www.nrdc.org/health/effects/mercury/guide.asp。

♥

请记住，"非乳制品"并不意味着完全没有牛奶，这是乳制品行业发明的一种说法，指的是牛奶的含量不足0.5％，这意味着非乳制品的酪蛋白有可能和牛奶一样多。

♥

让家庭成员都采取这种新的饮食方式可能是不现实的，但是把更多食品的好处介绍给他们却是很有必要的。在我家人开始采用无谷蛋白/无酪蛋白饮食后，我的女儿没有被孤立的感觉。

——Julie A. Buckley, MD, *Healing Our Autistic Children*

♥

找一个在生物医学方面比你更在行的"专家"。他/她可能是你认识的一位家长，或来自家长的社会团体，或者是在孩子的学校认识的。如果在附近找不到信任的人，你可以联系像全国自闭症协会（National Autism Association，NAA）、治疗自闭症之谈（Talk About Curing Autism，TACA，是一个全国性的非营利性组织，致力于教育、赋权和支持受自闭症影响的家庭）、代际救援（Generation Rescue，GR）这样的组织。这些组织中所有的家长都是生物医学专家，他们会乐意花时间把生物医学的方法介绍给不熟悉的家长。请查看 NAA 和 GR 的网站。NAA 将他们的专家称为"推动者"，而 GR 则称他们为"救援天使"。

日志应包括孩子想吃的和最终吃的东西，以及伴随的诸如高运动量、排便、刺激和任何发脾气的行为表现。

从我的经验来看，许多自闭症儿童的行为和认知症状可以通过适当的生物医学治疗得到明显改善。有时，这种改善甚至足以消除一个孩子的自闭症诊断。

——Jaquelyn McCandless, *Children with Starving Brains*

在开始治疗之前，你要知道大多数改善和恢复需要相当长的时间。在很多情况下，孩子已经"病"了一段时间，并没有见效快的治疗办法。你要把生物医学疗法的治疗过程看作是一场马拉松，它需要相当长的时间和毅力，所以你需要不断地调整自己。马拉松的坚持精神比身体力量更重要，前者是关键。

不要指望自己注意到并记住进步，或许是因为缺少认真的记录，你常常会发现自己在想："我忘了她曾经这样做过。"

低龄孩子可能反应更快，如果不是也不要放弃。你永远不知道什么样的治疗方法会有效，因为每年都有新的治疗方法出现。

你自己也要做研究，不能仅仅依靠医生解决所有问题。父母是孩子的主导者，治疗过程中需要积极主动。家长要学习所有关于自闭症的知识，并与医生交流分享。这会帮助你理解复杂的治疗过程，在面对困难的时候也不轻易放弃。你可能会找到一个好医生，但是没有人会像你一样关心孩子的健康。

尽早开始。在孩子小的时候你有最好的机会帮助他们，不要推迟治疗。别等以后说"如果……"，那证明已有遗憾了。

——Judith Chinitz, MS MS, CNC,
author of *We Band of Mothers*

选择不同的治疗方法。如果某一治疗方法没有坏处，可以帮到你，那就去实践。如果可能有坏处，就需要权衡可能的风险和回报。假如后者的分量更重，那就去实践。

——Judith Chinitz, MS MS, CNC,
author of *We Band of Mothers*

最好的实验室是你的孩子（根据 Sidney Baker 博士的说法）。要真正知道治疗是否可行，唯一的方法就是尝试一下。我们没有实验室测试可以预测个体的反应。

——Judith Chinitz, MS MS, CNC,
author of *We Band of Mothers*

成为一个受过教育的消费者。熟悉 PubMed，它是包含生物科学与生物医学相关的文献网站的政府研究数据库（www. ncbi. nlm.

nih. gov/sites/pubmed）。在考虑可能的治疗方法时，请先在PubMed上搜索并权衡证据。

❤

在开始生物医学治疗的时候，最好不要立马就做所有的事情。试着在几个星期和几个月的时间里进行一些阶段性工作，这样你就能确定哪些事情可能发生，哪些方法可能不会奏效。如果一开始做得太多，你可能就不知道是什么在起作用，什么可能会造成问题。

❤

将生物医学和行为/教育疗法相结合，可以促进自闭症儿童的恢复或显著改善。Doreen Granpeesheh博士，博士级国际行为分析师，是自闭症与相关疾病中心的创始人和执行主任，他认为："虽然行为/教育和生物医学实践各自都能在帮助自闭症儿童的同时提供成功的治疗模式，但如果它们合作干预，会取得更大的成功。"

——Teri Arranga, "afterword,"
Cutting-Edge Therapies for Autism

❤

创建一些疗法及治疗中伴随反应的日志。下载电子表格可以帮助你每天更新日志，随着时间的推移，你可以看到什么在起作用，请与医生和治疗师分享这些信息。

❤

坚持记录孩子行为改善的情况，因为它们可能是衡量任何治疗的效果的最重要的指标。

——Julie A. Buckley, MD, *Healing Our Autistic Children*

♥

前进两步后退一步——大多数自闭症儿童都会先有进步，然后进入停滞期或倒退期，因此最好是看整体趋势。

♥

在服用补剂时，最好让孩子服用药片/胶囊。但在过渡时期，要使用液体、粉剂和咀嚼物（大多数补剂都有多种配方）。你可以将胶囊混入食物或饮品中。

♥

如果孩子不吃药丸怎么办？有两个办法：制作乳酪面粉糊和使用肉类喷射器。制作乳酪面粉糊时，把所有胶囊的药粉都倒进一个带高边的小杯里，加入少量的液体（我使用纯净水或液体钼，这要看是在早上还是晚上），液体的量以刚好足够做一个乳酪面粉糊（或浓稠的浆糊）为宜。如果你加入太多的液体，药粉就会结块。等彻底搅拌均匀后再在杯子里加入足量的水。另一个方法所使用的肉类喷射器不是普通注射器（一个注射器的容量最多是 2T，一个肉类喷射器可以容纳更多的液体）——你可以在 Bed Bath（美国最大的家庭用品和床上用品连锁店），或者在其他任何销售烹饪工具的商店买一个。取出针，吸入需要补充的汤，然后喷进孩子的嘴里。

——Peggy Lowery Becker，一名 11 岁自闭症男孩的母亲

♥

服用消化酶也会分解益生菌，因此要确保在服用这两者之间至少间隔一个小时。

同样，锌也会干扰其他矿物质和一些维生素的吸收，补锌需要再等一两个小时。

如果使用粉末，你可以将其掺入到一些食物中或尝试制作冰沙。这种方法不错，这是一种获得抗氧化剂浆果和其他有益物质的好方法。

一些药物只能混合使用，或者使用复合剂更方便。确保孩子在当地享有合成制药的医疗补助，否则医疗补助将无法覆盖这些药物的费用（这是一个州的项目）。

活性炭（Activated Charcoal，AC），能降低抗真菌治疗和其他抗氧化产品可能导致的死亡风险，也有助于改善胃肠道环境，你用了它就会明白！但一定要记住，在服用其他药物/补品之前或之后的两个小时内使用，因为它不会区别哪些要吸收哪些要丢弃。

艾普索姆盐浴有助于使疼痛的肌肉放松和柔化皮肤，对自闭症儿童具有安慰作用。这种自然解毒剂还有助于改善便秘和帮助镇静！盐浴后孩子可能偶尔会出现皮肤干燥，遇到这种情况时在盐浴过程中加入一些小苏打即可。

处理便秘问题时，切记光做好"清洁"是不行的。大多数情况下，需要在几个月内定期做一系列手术,才能处理好结肠的大小问题。同时,有许多可靠安全的非医疗替代品,包括补充镁(请咨询医生给药),还有芦荟汁(加入早晨的橙汁中)、果浆(不含化学品、草药或添加剂,安全有效的泻药替代品,一种由梅子、葡萄干、枣、梅叶汁浓缩而成的混合物)以及西梅干、葡萄干和枣果酱等。如果孩子不喜欢它的味道,可以加入花生酱或糖浆之类的东西调味。

代谢系统

通常,自闭症的许多代谢异常和易感性都可以通过检测甲基化和解毒途径的后天或遗传异常的影响解释。有趣的是,营养补充剂与自闭症症状的改善有关,无论是传闻还是医学文献,都支持这一观点。这些营养补充剂包括叶酸、二甲甘氨酸(DMG)、三甲基甘氨酸(TMG)、甲基钴胺、锌、维生素 B6(或 P5P)、二肽酰肽酶Ⅳ(DPP-Ⅳ)、谷胱甘肽(GSH,是一种重要的抗氧化剂,能够防止活性氧引起的重要细胞损伤)、半胱氨酸(如 N-乙酰半胱氨酸)、硫酸盐和金属硫蛋白的消化酶。

——Reprinted by permission of the publisher. From Bryan Jepson, M. D, and Jane Johnson, *Changing the Course of Autism: A Scientific Approach for Parents and Physicians*, Boulder, Co: sentient Publications. Copyright © 2007 by Bryan Jepson and Jane Johnson. All rights reserved.

♥

尽管大多数家长一开始都害怕给孩子注射甲基-B12（由维生素B12转化而成，B12是人体内唯一含有金属元素钴的维生素），但他们很快就发现，与口服、鼻用或经皮给药治疗方法相比，这种注射几乎没有疼痛，最易于使用，而且临床反应最好。

——Dr. James Neubrander, "Methyl-B12: Myth or Masterpiece," *Cutting-Edge Therapies for Autism*

♥

对患有自闭症的儿童来说，甲基化作用（是指从活性甲基化合物上将甲基催化转移至其他化合物的过程。甲基化包括DNA甲基化或蛋白质甲基化，是蛋白质和核酸的一种重要的修饰，调节基因的表达与关闭，是一种重要的生物上的有机化学反应）将带来语言、注意力、意识、认知、独立性、社会化和互动游戏、情绪反应、情感、眼神接触以及粗大和精细动作技能等方面的改善。

——Dr. James Neubrander, "Methyl-B12: Myth or Masterpiece," *Cutting-Edge Therapies for Autism*

♥

以下选自 Richard E. Frye 的 *Mitochondrial Dyefunction*, *Cutting-Edge Therapies for Autism*：

- 线粒体功能障碍的个体应避免生理上的压力。
- 患者应避免饥饿、极端寒冷或炎热、睡眠不足、脱水和生病。
- 如果有线粒体功能障碍的个体生病了，应该积极控制发烧和水合作用。在生病期间，应密切监测病人情况，并在必要时提供含碳水化合物的静脉补水。

- 患者应避免接触某些抑制线粒体功能的药物和环境毒素。抑制线粒体功能的常见毒素包括重金属、杀虫剂、香烟烟雾和味精。常见的抑制线粒体功能的药物包括：对乙酰氨基酚（解热镇痛药）、非甾体抗炎药、酒精、抗精神病药、抗抑郁药、抗惊厥剂、抗糖尿病药、抗高血脂药、抗生素和麻醉药。
- 对于一些患者来说，短时间内暴饮暴食足以破坏线粒体的功能。
- 病人可以在睡前食用诸如玉米淀粉等复合的碳水化合物。有些病人可以在半夜被叫醒吃零食，有些病人则可能需要在夜间被用喂食管喂食。
- 一些病人对高脂肪饮食如生酮饮食有反应。
- 一些患者对中链甘油三酯补充油（脂质的组成部分，供给与储存能源）有反应，因为这些脂肪不需要借助肉毒碱被运送到线粒体中。
- 即使剂量很高，大多数人对维生素的耐受性依然良好。一些维生素可能会对自闭症孩子产生副作用。因此要记住一次只吃一种维生素，这样如果有副作用就可以找到对应的维生素。
- 左旋肉碱（是食物组成的部分成分，广泛存在于自然界中，是一种无色的澄明液体）与行为障碍有关，尤其是对脂肪酸异常的儿童来说更是如此。
- 高剂量的维生素 B6 会导致周围神经的病变。
- 在开始生酮饮食时，应仔细监测儿童变化，因为生酮饮食可能会使与线粒体功能紊乱相关的代谢性酸中毒情况恶化。

免疫系统

关于自闭症儿童的免疫失调,文献中有大量记录。免疫失调会使自闭症孩子容易感染慢性炎症和出现自身免疫反应,可能还会影响任何的器官系统,而对大脑和胃肠道的影响似乎是最严重的。这些免疫系统问题目前并没有被追踪到一个单一的潜在的异常因素,不同个体的发病原因各不相同。正如有基于行为特征的亚群一样,自闭谱系障碍中也有与免疫异常类型和严重程度相关的亚群。

——Reprinted by permission of the publisher. From Bryan Jepson, M. D, and Jane Johnson, *Changing the Course of Autism: A Scientific Approach for Parents and Physicians*, Boulder, Co: sentient Publications. Copyright © 2007 by Bryan Jepson and Jane Johnson. All rights reserved.

❤

自闭症儿童常伴有异常的免疫功能,包括低自然杀伤细胞功能和 T 辅助细胞类型 1(TH1)/T 辅助细胞类型 2(TH2)(TH1 细胞参与细胞免疫和迟发性过敏性炎症反应;TH2 辅助 B 细胞分化为抗体分泌细胞。它们对机体的特异性免疫与非特异性免疫均有重要的调节作用)。这意味着,受影响的儿童更容易发生过敏,同时他们虽然能产生抗体但不能杀死病菌,所以常有慢性炎症和自身免疫反应。他们中的许多人有湿疹、流鼻涕、耳朵感染的症状——似乎一直在生病。相反,也有些孩子从不生病。哪怕家里的其他人都生病了,他们却很好,这表明他们有一个超级免疫系统,这些孩子可能有自身抗体。

——Bryan Jepson, MD, Medical Director,
Thoughtful House Center for Children

儿童可能在出生时、围产期及以后感染病毒。由于TH2反应增加和免疫抑制,自闭症儿童会出现病毒感染的症状。通常不属于急性感染的常见症状有鼻塞、发烧、咳嗽、恶心和呕吐。慢性病毒感染会导致其他症状出现,如低耐力、皮疹、长期或间歇性低烧,而且孩子易疲劳、易怒,在消除过敏后有慢性充血症状。

——Dr. Mary Megson, "Viruses and Autism,"
Cutting-Edge Therapies for Autism

肠胃系统

自闭症儿童经常有肠胃问题,尤其是便秘和腹泻。当孩子有胃肠道症状时,通常都是肠道炎症引起的,尤其是在回肠末端,内镜检查以及活检都可以确诊。许多自闭症儿童都有不正常的肠道通透性,或者我们所说的"漏肠"(肠道通透性增加,细胞间的紧密连接的能力出现问题),此外还有不同于克罗恩病(一种原因不明的肠道炎症性疾病,主要症状有腹痛、腹泻)和溃疡性结肠炎(病变局限于大肠黏膜及黏膜下层,非特异性炎症疾病)的炎症性肠病。

—— Bryan Jepson, MD, Medical Director,
Thoughtful House Center for Children

腹部问题是自闭症的许多行为症状产生的原因。请把自己想象成一个患有慢性或间歇性腹痛且无语言或不善交际的人,这种情况下你的很多行为(如坐卧不安)看起来都会很"自闭"。一些孩子的下腹部会胀痛,常常靠在桌子的角落或沙发的扶手上一躺就几个小时,这曾被认为是一种自闭行为,但现在人们已经知道这种行为是为了减轻疼痛。在治疗腹部疾病的过程中,如果孩子经常半夜间醒来,或者遗尿,就需要接受一个系统的胃肠道检查,因为夜间醒来会造成反流,遗尿会导致过敏,治愈这些疾病后,很多原先被认为是自闭症的行为就会消失。

针对长期存在的胃肠道症状,我们需要对其进行医学评估。事实上,这些症状与孩子的自闭症关系不大。这些胃肠道症状包括:
- 腹痛。
- 腹泻(定义为未成形的大便不能保持自己的形状,而是根据容器的形状/尿布变化)。
- 便秘。
- 软便秘。
- 不定型大便痛。
- 直肠脱垂(直肠壁部分或全层向下移位)。
- 未能保持正常发育。
- 反流。
- 反刍(进食一段时间之后的食物返回嘴里再次咀嚼)。

- 腹胀。
- 回避食物。

——Dr. Arthur Krigsman,"Gastrointestinal Disease: Emerging Consensus,"
Cutting-Edge Therapies for Autism

父母、医生和治疗师必须意识到,难以治疗的自闭症行为或对干预无反应的行为,可能是胃肠道疾病引起的。无端攻击、暴力行为和易怒可能都代表着潜在的胃肠道问题,这种情况下必须及时考虑使用精神药物,比如利培酮(利培酮主要用于治疗精神分裂症和狂躁抑郁症,美国食品与药物管理局已批准将其用于自闭症的治疗)。

——Dr. Arthur Krigsman,"Gastrointestinal Disease: Emerging Consensus,"
Cutting-Edge Therapies for Autism

胃食管反流疾病。胃炎、胃溃疡、便秘仅仅是已知的导致自闭症行为症状的三种胃肠道疾病。此外,密集的干预不仅会对治疗肠道疾病有效果,也可能会显著提高孩子的能力,但这样的干预缺少关注焦点,无法取得重大学术或交流进展。

——Dr. Arthur Krigsman,"Gastrointestinal Disease: Emerging Consensus,"
Cutting-Edge Therapies for Autism

胃肠道疾病的治疗应遵循该诊断要求的治疗方案。

——Dr. Arthur Krigsman,"Gastrointestinal Disease: Emerging Consensus,"
Cutting-Edge Therapies for Autism

♥

对自闭症特有的胃肠疾病诊断需要进行进一步的研究以确定最佳的治疗方法。

——Dr. Arthur Krigsman,"Gastrointestinal Disease: Emerging Consensus,"
Cutting-Edge Therapies for Autism

♥

许多医生指出,自闭症儿童常有肠道问题。炎症可能是罪魁祸首,发炎的细胞组织受损后将无法产生酶。因此,许多自闭症患儿在肠道恢复正常前会缺少酶。另外,还有可能会出现吸收不良、食物不耐受和食物过敏等症状。

——Dr. Devin Houston,"Enzymes for Digestive Support in Autism,"
Cutting-Edge Therapies for Autism

♥

在其他方面,酶可能对自闭症患者有好处。要防止肠道内未消化食物的腐败,避免致病菌和酵母菌引发问题。

——Dr. Devin Houston,"Enzymes for Digestive Support in Autism,"
Cutting-Edge Therapies for Autism

♥

使用乳糖酶和半乳糖酶等碳水化合物酶可减少肠道内的气体和腹胀。有些蔬菜含有碳水化合物,如水苏糖和棉子糖,不容易被消化。人的肠道缺乏能降解碳水化合物的酶,而碳水化合物是产气细菌的来源。半乳糖酶补充剂可以弥补肠道功能的不足,减轻腹胀。慢性腹泻也可以通过添加酶缓解,如使用淀粉酶和葡萄糖淀粉酶降解淀粉类食物。

——Dr. Devin Houston,"Enzymes for Digestive Support in Autism,"
Cutting-Edge Therapies for Autism

可以在饭后补充摄入益生菌和益生元,因为胃酸在其他方面也有作用。

下面的建议是医学方面的。找到一个值得信任的专家和能帮助你一起治疗孩子的儿科医生相当不易。有些医生对我们的女儿们来说简直就是个蠢货。有时我们的女儿接受的测试超出她们的能力范围,整个过程都在解释头痛、疼痛以及其他症状,这当然也超出了自闭症的"标准"。另外,孩子们进入医生办公室就会很有压力,这使孩子们付出了代价。我和女儿甚至错过了我们最中意的医生。大多数测试好像都是"正常的",可对于正处于初步治疗阶段的我们来说,"正常"之中是有问题的。

询问其他父母,了解在自闭症医疗方面取得成功的医生的信息。当你要与医生单独交谈时,需要有一个人照顾孩子。请与保险公司安排的护理协调员多联系,他/她能帮你找一位专家支持医疗补助计划。

癫痫发作

以下关于抗癫痫药物的建议来自 Richard E. Frye 博士:

- 癫痫综合征:与癫痫相关的病症,如结节性硬化症(一种常染色体显性遗传的神经皮肤综合征,临床特征是癫痫发作和智力衰退),应该用自动体外除颤器(AED)进行治疗。

- 癫痫急救：在许多情况下,直肠安定(它的作用是使大脑中异常的过度活动平静下来)对治疗癫痫的长期发作非常有效。
- 癫痫性脑病：对于经典的癫痫性脑病,尤其是 Landau-Kleffner 综合征和慢波睡眠时的电性癫痫持续状态的 AED 相关研究比亚临床电性放电等特征性较差的综合征更广泛。一般来说,同样的药物对于所有的癫痫性脑病都是有效的。丙戊酸钠在某些情况下具有疗效,适合初期治疗;莫卡西平可能有助于非常集中的放电;免疫调节治疗,特别是类固醇和静脉注射免疫球蛋白,也是一种辅助治疗;安定睡眠片也被用于慢波睡眠期间的电状态癫痫治疗。
- 行为和情绪调节：丙戊酸钠(一种不含氮的广谱抗癫痫药)和拉莫三嗪在情绪调节方面特别有效,托吡酯对减少冲动和攻击性行为特别有效。
- 偏头痛：丙戊酸钠、加巴喷丁和托吡酯在治疗偏头痛方面非常有效,托吡酯尤其有效。
- 睡眠中周期性的腿部运动：加巴喷丁(抗焦虑药物)有助于治疗睡眠时的腿部运动,特别是有睡眠困扰时。

♥

大约五分之一的自闭症儿童患有癫痫症。值得注意的是,大麻是一种很好的抗惊厥药物,曾在 19 世纪晚期和 20 世纪早期被广泛使用,但对于自闭症儿童来说,吸入的方式是不可取的,最好是口服。如在饼干、布朗尼和茶等中加入后口服。现在已经有各种各样的可供儿童食用的含有大麻的食品。这种方法虽然不会在一个半到两个小时内立即见效,但作用能持续好几个小时。

——Dr. Lester Grinspoon,"Medicinal Marijuana: A Novel Approach to the Symptomatic Treatment of Autism," *Cutting-Edge Therapies for Autism*

药物治疗的选择

你可能会惊讶地发现,虽然我有三个自闭症孩子,但她们目前为止只服用过一种"处方"药物——是一种由对抗疗法医生开的药,在CVS药店或沃尔格林可以买到。Mia小的时候癫痫发作,我决定用生物医学疗法、食物疗法治疗她的行为以及其他与自闭症有关的问题。并不是所有的父母都会选择这条路,许多孩子会从严谨的药物治疗中受益,得益于他们有一个有耐心且足智多谋的医生。相信直觉,选择你认为对孩子最好的道路。当谈到医疗选择时,我通常会问父母:"哪个决定会让你睡得更安心?"

♥

注意药物的短期使用。一旦孩子开始用药,不一定要持续下去。如果有积极的效果,可以持续几个月到一年的时间,然后停止用药,看看是否还需要。通常孩子会逐渐成熟或对其他疗法有反应,而不再需要某种药物。

——Robert Sears, *The Autism Book*

♥

在接受药物处方之前,要问一些问题,比如:会不会有副作用?

孩子睡眠会受到影响吗？其中的实际成分是什么？它究竟是如何影响孩子的智力的？同时也要问一下成功/失败率，单纯地用药物治疗一些病症是不那么容易的。

以下这些迹象表明需要进行药物治疗：
- 孩子的安全出现问题。
- 孩子对自我和他人的身体攻击增加。
- 孩子肢体语言或言语攻击的发作时间较长，对其他干预技术没有反应。
- 孩子爱发脾气。
- 你担心孩子会伤害你或家人以及支持团队的其他成员。
- 尽管有其他干预措施，但孩子重复或刻板的行为仍在增加。
- 尽管有其他干预措施，但孩子焦虑、冲动、注意力不集中的表现却在增加。

——Dr. Mark Freilich,"Pharmaceutical Medication Management:
The Why, When, and What,"
Cutting-Edge Therapies for Autism

药物有助于改善：
- 注意力分散/无焦点。
- 重复/刻板。
- 沮丧。
- 烦躁焦虑。

- 严重过敏。
- 攻击/有自伤行为。
- 情绪不稳定。

　　——Dr. Mark Freilich,"Pharmaceutical Medication Management:
The Why, When, and What,"
Cutting-Edge Therapies for Autism

♥

精神病药物和情绪稳定剂可能会帮助到那些反复伤害自己的自闭症患者。

　　——Dr. Lester Grinspoon, "Medicinal Marijuana:
A Novel Approach to the Symptomatic Treatment of Autism,"
Cutting-Edge Therapies for Autism

♥

抗惊厥药可能在抑制暴怒和缓解严重焦虑方面很有用。

　　——Dr. Lester Grinspoon, "Medicinal Marijuana:
A Novel Approach to the Symptomatic Treatment of Autism,"
Cutting-Edge Therapies for Autism

♥

最常用于治疗自闭症的精神药物主要有以下几种:
- 抗抑郁药。
- 抗惊厥剂。
- 抗痉挛药。
- 兴奋剂[或注意缺陷多动障碍(ADHD)药物治疗]。

- 抗鸦片类药物。

——Kenneth Bock, MD, *Healing the New Childhood Epidemics*

自 1967 年以来,自闭症研究所已经调查了超过 2.7 万名父母。像维思通(用于治疗急性和慢性精神分裂症和双相情感障碍的躁狂发作)、利他林(用于呼吸衰竭和各种原因引起的呼吸抑制)和百忧解(用于治疗抑郁症和焦虑症)这样的处方药不是最好的治疗药物。在选择那些一般都有副作用的精神药物之前,请先考虑饮食干预。请阅读 ARI 的调查 http://autism.com/pdf/provider/Parentratings2009.pdf,并考虑生物医学治疗。请确保所有的疗法实施的合理性。

诸如攻击性和自伤行为等症状通常被认为是对疼痛的一种反应。在做出假设之前,要百分百确定孩子没有疼痛。特别是要排除胃痛或胃食管反流。

现在有很多新的药物对治疗自闭症非常有帮助,尤其对青春期后出现的问题特别管用。不幸的是,现在许多医务人员还不知道如何将它们用在处方中。

——Temple Grandin, PhD, *Thinking in Pictures*

药物治疗作为干预的第一步,会帮助儿童获得其他被认为合适的治疗方法所带来的积极效果。这样一来,儿童对药物治疗的需求就逐渐变少甚至消失了。

——Dr. Mark Freilich, "Pharmaceutical Medication Management:
The Why, When, and What,"
Cutting-Edge Therapies for Autism

♥

在选择药物治疗时,切记自闭症儿童很可能会对某些药物过敏,有时小剂量会比较有效。有些专业人士不明白这一点,千万别"一刀切"。

♥

确定适当药物和剂量需要一个过程。起码需要每周到医生的办公室询问(或者至少每周电话交流)。如果在找到"最佳"剂量之前,医生就开了处方并告诉你一个月之后回来,那么你可以考虑换医生了。

——Dr. Mark Freilich,"Pharmaceutical Medication Management:
The Why, When, and What,"
Cutting-Edge Therapies for Autism

急救箱

家里备一个急救箱是绝对必要的,而且你还要知道如何使用它!你可以去当地的消防站或有医疗设备的地方上急救课,这样可以省去看医生或者面对其他类似的医疗设备的麻烦,因为孩子可能会不想看见那些设备。

♥

随时带着创可贴,以备孩子玩耍时小的割伤和擦伤之需,这应该不会有什么大问题。你可以让孩子先在你身上练习,并最终学会自己贴上创可贴。多让孩子学习如何自己处理,这样会帮助他们更好地适应。

♥

感谢天马出版社的作者 Susan K. Delaine，以下是从她的书中得到的食谱。

汉堡或三明治饼

馅饼原料

1/2 磅牛肉或火鸡；

1 个小洋葱，切碎；

1/2 杯或冷冻玉米罐头，排水；

1/2 杯削皮的冻胡萝卜片（可选）；

1/4 杯番茄汤；

1/4 杯水；

1/2 茶匙碎百里香；

香盐和胡椒粉；

芝士汉堡（可选）。

饼皮原料

1 杯有机玉米粉；

1 汤匙荞麦粉；

2 茶匙无铝的发酵粉；

1/4 茶匙盐；

2 汤匙脱水的甘蔗汁；

1/4 杯不加糖的苹果酱；

1/4 杯玉米油，红花油，或者纯橄榄油；

1/2 杯水。

预热烤箱到 400°F。在中等煎锅里放入牛肉油炸，然后沥干油。加入洋葱、玉米和胡萝卜。低温翻炒，直到洋葱变软。关火，加入番茄酱和水，搅拌至混合均匀。加入百里香、盐和胡椒调味。将肉倒入烤盘，用做好的料汁均匀涂抹。等奶酪汉堡出炉，在肉上均匀地撒上大量的戴亚切达干酪(Daiya Cheddar)碎片。

还可以做玉米面包。找一个中型大小的碗，把干料混合在一起搅拌。之后加入湿料，搅拌至混合均匀。将面糊倒在肉上，用橡皮刮刀均匀涂抹。进烤箱烤 25—30 分钟，直到玉米面包表面出现浅棕色和发硬的边缘即可。

关火再等 15 分钟后再出锅。

From *The Autism Cookbook: 101 Gluten-Free and Dairy-Free Recipes*, by Susan K. Delaine © 2010 Skyhorse Publishing.

牙医

Mia、Gianna 和 Bella 的外祖父是一名牙齿矫正医师。小时候在晚餐桌上他会临时检查我的牙齿，我是从小听着"张开嘴，咬一口"这句口头禅长大的。但是到了我女儿这儿，这句口头禅就变成了"张开嘴，别咬！"我们找到了一个牙科诊所，该诊所为有特殊需要的人服务，他们甚至还用到了图片交换沟通系统(PECS)。孩子们需要牙科保健,这也许比女性胎儿颈项透明层(NT Girls)检查更重要——自闭症儿童一旦出现蛀牙就需要到医院就诊和接受全身麻醉。避免蛀牙是必要的。我的三个女儿都有蛀牙,严重时只能喝水,不能吃需要咀嚼的食物。她们每天刷两次牙,使用汤姆牌无氟牙膏。在权衡了蛀牙和住院补牙的风险后,我选择了在早期用一种不含 BPA 的密封胶为她们补牙。

为孩子寻找专门从事自闭症儿童工作的牙医。如果身边没有这样的专家,那就把注意力放在儿科牙医这边,因为他们更有可能接触到有特殊需要的孩子,也更有能力处理这些问题。有些专家甚至可能在一周的特定几天,只接诊有特殊需要的孩子。你可以多咨询孩子同学的父母以获取相关信息。

如果孩子有一个特别喜欢的东西(例如音乐播放器或时钟),去看牙医的时候请带上它。

——Ruby Gelman,DMD

我认为短期、频繁地去牙科诊所是很不错的,建议每隔 2—4 个月带孩子去一次。虽然在去之前我们会做同样的事情,但每次都会有一些新的发现。每次回来后,孩子们也会更容易记住要做的事情。

——Ruby Gelman,DMD

2008 年 6 月 12 日,美国食品与药品管理局的网站上发布公告称,补牙所用含银的填充物是有毒的,对我们的健康有害,而且可能对发育中的胎儿和儿童的神经系统产生神经毒性作用,最好远离它们。此外,在进行氟化物治疗或使用含氟牙膏之前,请研究一下氟化物。

比起治疗普通感冒和流行感冒,预防措施更为重要,如勤洗手、规律饮食、节制饮酒和良好的睡眠等。

孩子与麻醉

在牙科或手术过程中,可能需要对孩子进行麻醉。许多自闭症患者对麻醉有特殊的反应。你需要在手术前几天与麻醉师见面。在见面前,请将麻醉师 Louise Kirz 医生的建议打印出来并带着它(http://legacy.autism.com/families/life/kirz.htm)。

以下是 Sym C. Rankin, RN CRNA, MS, *The Autism File*, Issue 33, 2009,《麻醉和自闭症儿童》中的建议。

对于需要接受手术的儿童来说,麻醉是不可避免的。在这种情况下,我们的目标是降低风险。要做到这一点,麻醉师必须要知道孩子的特殊问题。

- 孩子可能患有胃肠功能紊乱、免疫系统失调、炎症、线粒体功能障碍、重金属中毒、氧化应激和慢性炎症。
- 最重要的是,孩子的排毒系统可能已经损坏了,很可能无法有效地代谢药物。

当孩子计划接受手术时,你需要考虑在术前的会议上与医生们讨论以下问题：

● 不要使用一氧化二氮。大多数的孩子都有维生素 B12 缺乏的病史。

● 讨论有关孩子的特定医疗和代谢问题。与麻醉师沟通基因、甲基化（包括 DNA 与蛋白质甲基化两种）、排毒和线粒体问题。

● 考虑放弃静脉注射，无需镇静。许多孩子都经历过多次抽血和静脉注射治疗。要让麻醉师知道孩子是否能忍受静脉注射，因为医生通常不希望孩子为这个受罪。

● 告知麻醉医生所有可能引发孩子过敏的药物、补充剂和免疫球蛋白 E（immunoglobulin，IgE，主要由呼吸道和消化道黏膜固有层的浆细胞产生，在正常人的血液中含量较低）。

● 确保医生了解孩子难以解毒的药物。

● 要求医生尽可能简单地保留麻醉药。

● 讨论其他可能与麻醉药有关的药物，如：扑热息痛（对乙酰氨基酚，一种可替代阿司匹林的解热镇痛药）、类固醇激素（在维持生命、调节性功能、机体发展、免疫调节和皮肤疾病治疗有明确的作用）和止吐药。

预防自闭症

以下的建议是根据牙医博士 Anju Usman 和法学博士 Beth C. Hynes，JD 发表于 *Autism File* 期刊 2009 年第 31 期的《避免孤独症》一文改编的。

母亲和胎儿发育之间具有共生关系,因此母亲在孕前和孕中都应避免接触有害元素,尽可能保持环境的清洁和精力的充沛,从而确保婴儿的健康发育。考虑到这一点,指导孕前及孕中周围环境的基本原则如下:

- 关注饮食,做出健康的选择。
- 皮肤是人体最大的器官,要小心按摩你和宝宝的身体。
- 别迷信"绿色","绿色"的并不总是对身体最健康的,对身体最健康的才是"绿色"的。

孕前

在计划怀孕期间,建议你清除体内的任何毒素,并开始更健康的生活方式。记住,你的毒性越小,对你和未来的孩子就越好。对肝脏和结肠的一系列排毒要慎重,这些项目可能需要六个月或更长时间,在怀孕期间最好不要做。

让有经验的牙医去除你牙齿上的汞合金,这可能需要六个月甚至更长的时间。

花点时间寻找你喜欢的、有机的、无毒的化妆品。

让医生通过检查确定你需要的额外补充,以优化你的身体水平。

♥

清除家里和办公室所有有害的化学清洁剂,并使用环境保护局(Environmental Protection Agency,EPA)推荐的"一级"清洁产品。日常清洁,包括洗碗和衣物洗涤等,都尽量避免使用有毒的干洗剂。

♥

改善营养,有针对性地补充维生素,包括 Omega-3 脂肪酸、舌下维生素 B12、叶酸、维生素 D3、锌和抗氧化剂。

♥

食用有机的、无激素的食物,避免食用含有味精或食用色素的鱼类或食物。

♥

喝有机绿茶、纯净水和富含抗氧化剂的有机果汁,同时避免喝碳酸饮料和酒精饮料。

♥

使用甜菊、有机蜂蜜和木糖醇作为甜味剂,避免使用任何人造甜味剂。

♥

每天去散步,晒晒太阳。

♥

化妆品:使用无铝的天然除臭剂、天然的染甲染发剂,避免使用含有化学成分的保湿剂或化妆品,同时避免使用化学染发剂、烫发或其他类似的护发产品。

在家里只使用无化学制剂的清洁产品，避免使用杀虫剂或化学物质管理草坪。

孕中

尽量避免服用药物，包括对乙酰氨基酚，因为它会阻碍正常排毒。避免使用含有汞的流感疫苗，因为这种神经毒素会影响婴儿的大脑发育。参见 http://www.safeminds.org/protect-yourself-2/flu-facts/。

在日常饮食中添加锌、钙以及必需的脂肪酸和维生素，以保证每日的营养摄入量。

停止使用指甲油以及任何含有防腐剂和其他毒素的化妆品（包括口红）。

使用无氟牙膏，因为氟化物会干扰碘代谢。

练瑜伽、做按摩和听舒缓的音乐释放压力。不要制订严苛的锻炼计划。食用发酵食品、健康的脂肪和冷榨油，最好用有机椰子油烹调食物。用有机生苹果酒作为沙拉酱。避免吃快餐或海鲜（尤其是金枪鱼），杜绝用塑料或聚苯乙烯泡沫包装食物，也不要用微波炉加热食物。

手机通话时插上有线耳机。工作时,不要把笔记本电脑放在你的膝盖上。

婴儿期

如果怀疑自身摄入了汞合金,应该把母乳样本送到专门的实验室进行重金属测试。

如果计划使用配方奶粉,建议使用含有 DHA(docosahexanenoic acid,二十二碳六烯酸,是人体类所需的一种多不饱和脂肪酸,鱼油中含量最多,其可以辅助脑细胞发育、抗衰老、改善血液循环、降血脂)的奶粉。DHA 是一种重要的脂肪酸,对中枢神经系统的健康发展至关重要。

在食物方面,建议选择有机婴儿食品。在宝宝两岁之前,避免让宝宝摄入大豆、麸质或乳制品。一岁之后,可以在婴儿的食物中放入四分之一茶匙无汞鱼肝油。

当婴儿发烧超过 101°F 时,应用温浴或无色布洛芬(缓解疼痛)治疗。发烧是健康的免疫系统的一种反应,免疫系统通过散发热量来杀死入侵的病毒。对初为父母的人来说,婴儿发烧是件非常令人头疼的事。

应谨慎使用抗生素，只将其用于治疗细菌感染（不能用于病毒感染）。记住，抗生素的使用会破坏正常的肠道菌群，使酵母菌和耐药生物体过度生长，从而对免疫系统的功能造成损害。大多数耳感染都是病毒性的，不能用抗生素治疗。用滴耳液有助于缓解婴儿耳部感染和感冒的症状。

使用有机婴儿床垫、床上用品、枕头和低过敏性包被，避免给婴儿穿着含有阻燃剂的睡衣。

用玻璃瓶喂奶，不要用塑料瓶，同时要避免用微波加热配方奶或母乳。

在给你的孩子接种疫苗之前，采取以下预防措施：
- 根据所在州的豁免法，了解你拒绝接种疫苗的权限。作为父母，你有权利为你的孩子做出合理的选择，包括选择接种疫苗。如果你的儿科医生拒绝，就去找其他医生。询问其他正在改变疫苗计划（或者根本不选择疫苗）的家长，哪些医生能接受父母的选择。
- 如果孩子有发烧、便秘、腹泻或其他疾病，不要接种疫苗。
- 如果孩子在服用抗生素，不要接种疫苗。
- 如果孩子有免疫系统疾病、过敏或者对疫苗有不良反应，不要接种疫苗，请寻求其他途径。
- 了解每种疫苗可能带来的不良反应。
- 立即向医生报告副作用。

- 记住要使用单剂量无汞疫苗。
- 在辅助药剂之前应进行滴度测验(titers)(是一种表示浓度的方法),尽管这可能不是必需的。

接种疫苗是"第三条路",我建议家长参考以下书籍中的信息,为孩子做出卫生保健选择:

- *The Vaccine Book*:*Making the Right Decisions for Your Child*:Bob Sears 博士著。
- *Vaccines 2.0*:*The Careful Parents' Guide to Making Safe Vaccination Choices* Mark Blaxill 和 Dan Olmsted 著。

Gardasil 是默克公司生产的 HPV(人乳头瘤病毒,发病部位在皮肤黏膜,主要症状表现为鸡冠状、颗粒状的疹子)疫苗,也就是生殖器疣病毒疫苗。葛兰素史克公司还有一种疫苗叫 Cevarix(是一种抗某些类型致癌人类乳头瘤病毒的疫苗)。我的朋友兼同事 Mark Blaxill 写了主题为"Gardasil,一件杀人凶器"的系列文章,指出这种疫苗进入市场是政府和默克公司之间合作的结果。我不是在吓你,疫苗业每次在尖叫起哄表达不满方面都很有一套。每个父母都应该关注这些信息并自主做出选择。

第4章

家庭支持

我们该如何度过抚养自闭症女孩的那些充满起伏、折磨、痛苦和挫折的日日夜夜？当有人说"啊，你一定是个圣人！"的时候，你可能很想翻白眼吧？这句话我听过很多次。甚至后来，我写了一本回忆录，名字就叫《我可以应对一切：我不是特蕾莎修女》，就是想说我们当中没有人是特蕾莎修女，也没有无所不能的家长、监护人、治疗师或教师。

❤

当父母看到孩子通过自然的方式获得技能或长大成人时，都会感到快乐和欣慰。十六岁花季、驾照、高考、婚礼和孙子……很多很多，都会如愿以偿吗？

❤

女儿们虽有进步，但却不是很明显。为此，我深感痛苦，同时也渴望她们取得显著进步。一旦她们长大，许多事会变得更加困难而不是更容易。等到我和她们的父亲年老时，她们都将陷入悲惨的境地。因此，我们必须向前看，难道不是吗？除了自闭症女孩，很多读者还可能会有其他的孩子。对于我们来说，兼顾这两个世界相当不易。

❤

该如何应对这些让人崩溃、没完没了的疲惫和焦虑呢？父母应该寻求个人出路，找到一些只属于自己的东西，最好是可以看到和不断改善的东西。你肯定听到过这种说法：如果妈妈不快乐，那就没人快乐。有时的确如此！我们需要保持身心健康，我们值得拥有一些属于自己的东西。

❤

你可以选择诸如高尔夫、针织、网球、瑜伽、陶艺和空手道等活动。我选了空手道。2010年的一天，我正坐在餐厅长桌旁，有两个蒙面人闯进来，离我现在写作的地方不足二十英尺。当我听到玻璃破碎的声音时，马上意识到那是正在实施的犯罪。当他们打开车库门的时候，我偷偷地溜出了前门。之后警察到达，抓获了其中一个几年前曾被捕入狱的抢劫犯。

当时我感到自己是如此无助、脆弱，我知道我必须做出一些改变。于是我在一所附近的空手道学校，开始了空手道学习。几个月后，我假装像一个美国兵一样开始训练糸东流空手道。如今我是空手道棕带，希望在两年内成为黑带。空手道带给我健康、力量和灵活性，也给了我和女儿自卫技能。空手道的色带系统是我不断进步的动力。我喜欢它！我需要它！

试着发现一些适合你的东西。这不是利己主义，而是自我保护的需要。

自我照顾

自我照顾对父母而言是必不可少的，因为它使父母有能力帮助自己的孩子发展社会、情绪和智力的关键内容，包括专注、参与、互动和有创造性、逻辑性地运用想法。

——Lauren Tobing-Puente，PhD，"Parentsupport，"
Cutting-Edge Therapies for Autism

♥

自闭症孩子父母比其他父母承受的压力更大。自闭症是持续性的，除了自己，没有人会给你时间休息。只有先照顾好自己，才能真正地帮助到女儿。正如航空公司的工作人员在飞机上告诉你的，在帮助自己的孩子之前，先带上自己的氧气面罩。确保你会休息，哪怕只是读15分钟报纸或小憩。每月或每周和你的伙伴或配偶约会一次，或和男女朋友们出去玩，这是你应得的。此外，如果你不坚持自己的社交活动，如何教女儿进行社会交往活动？

——Chantal Sicile-Kira，www.chantalsicile-kira.com

♥

照顾好自己和满足自己的需要是必要的，这包括腾出时间和空间哀悼。你失去了想象中的那个孩子，哀悼那种失去是完全可以的。你可以感到忧伤，但也要发现你已有的、令人难以置信的新孩子。最终，关于其他孩子的记忆将消退，取而代之的是你必定会创造的美好的回忆。

♥

跑！不，不要逃避问题，而要去处理这些问题。你需要锻炼身体及保持健康，没有什么比跑步更简单、廉价或有趣的了。跑步是一种有效的减压方式，而且它为你提供了组织思绪的机会。加入一个本地跑步俱乐部或组织。在纽约，有很多的纽约公路跑步者（New York Road Runners），全国也有很多相似的组织。如果在附近没有单独的组织，就找个连锁组织！

婚姻秘诀

积极的态度会起到促进作用。如今,很多因素会导致婚姻破裂。不管你和自闭症孩子相处得有多好,都是很累人的,这会对你的婚姻造成影响。所以你需要采取一种积极的心态,想出一些方法来帮助你和你的配偶一起度过美好的时光。

——Abhishek Agarwal, www.health-whiz.com/555/index.htm

你需要重新找回自己,详述你们第一次相遇的情景。不要忘记是什么使你们相互吸引,最终走到一起,并尝试记住彼此的优点。自闭症孩子也需要和其他人交流,例如一个合格的保姆或祖父母,甚至是叔叔或阿姨,这将真正地帮助自闭症孩子和少数他人进行互动。并且能够给你你所需要的休息时间,使你和你的爱人有更多的时间在一起。

——Abhishek Agarwal, www.health-whiz.com/555/index.htm

一起努力挽救你们的婚姻,一起尝试看什么对你们的自闭症孩子最有效、最好,而不是相互指责。尽管有时情况会令人感到沮丧,但是你们可以尝试那些可能有帮助的治疗方案,长期的努力对父母和孩子都会有好处。如果没有事先咨询专家,就不要尝试通过药物治疗孩子。每周在特定的时间一家人在一起,对你们的需要进行排序,尤其是在自闭症孩子身上花费了大部分时间的父母,更应如此。

——Abhishek Agarwal，www. health-whiz. com/555/index. htm

另一个重要方面是需要和其他自闭症孩子的父母进行交流，通过这种方式，你会看到他们是如何应对困境和进行有助于每个人的交流活动的。记住你不是在孤军奋战，你有来自家庭、咨询人员，以及其他自闭症孩子父母的帮助。保持正确的观点、积极的心态，可以给自闭症孩子带来他们需要的关心和爱，这与在婚姻中需要保持爱的火花是一样的道理。

——Abhishek Agarwal，www. health-whiz. com/555/index. htm

办聚会时，向家庭成员寻求帮助。安排一个轮流照顾的成人团体，团体中的每个人和自闭症孩子待一个半小时。这将使得父母和兄弟姐妹有自己的享乐时间，自闭症孩子也会有一个安静的环境。

咨询和支持团队

自闭症孩子的父母应该像关注孩子一样关注治疗，这对于成为孩子治疗团队的成员来说是至关重要的。能否成功地实施治疗，父母起着关键作用。

——Lauren Tobing-Puente，PhD，"Parent support，"
Cutting-Edge Therapies for Autism

支持体系是重要的——不是由家庭和朋友组成的体系，而是由熟悉自闭症孩子的人组成的一个团队，他们也许能帮你解决错综复杂的问题。

没有人会想要孤独地做自闭症儿童的父母。你需要找与你生存密切相关的朋友。

——Judith Chinitz, MS NS, CNC
author of *We Band of Mothers*

兄弟姐妹

寻找支持团队——父母和兄弟姐妹，同时应该考虑咨询服务。与儿科医生以及健康护理专家讨论是否有必要接受咨询服务。如果自闭症孩子得到父母过多的关注，兄弟姐妹可能会受冷落。

——www.adviceaboutautism.com/treating-autism-at-home.html

留出时间来和自闭症孩子在一起。他们应该有和父母"单独"相处的时间。父母关注他们的需要和兴趣是必要的。

兄弟姐妹应该有他们自己的空间，当你需要安定下来或专注你的工作时就离开他们。在一切归于平静后，再去关注自闭症孩子，帮助他或她理解发生了什么。

朋友和家庭

当朋友或亲戚家有自闭症孩子时，由于不知道如何回应或说什么，我们会感到不安，这儿有一些来自 Chantal Sicile-Kira 主编的《关于自闭症，你需要知道的 41 件事》(*41 Things to Know about Autism*)中的建议(www.chantasicile-kira.com)：

- 如果在孩子被诊断为自闭症之前你们是经常联系的好朋友，不要改变。朋友可能无暇像以往那样看望你，但你们可以保持电话或电子邮件联系。请保持沟通渠道的畅通。
- 通过继续邀请他们来访保持联系。如果他们能来就最好，不能来也没有关系。对他们而言，走出家门很难，但不要放弃，要继续邀请他们来访。
- 查阅一些关于自闭症的知识。登陆可信的网站，获取一些基本的信息。
- 多学习，少建议。告诉他们你在新闻中听到的关于自闭症的一切毫不费力，但你朋友很可能已经听过了。相反，你应该倾听并提供一些实际的帮助。
- 你可以提供给他们一些宝贵的时间吗？他们可能不需要建议，需要休息。你可以照看自闭症孩子几个小时吗？或者把兄弟姐妹带出去？到外面吃晚餐如何？
- 不要因为不了解与自闭症孩子沟通的方式就忽视他们。跟着她走，对她正在做的事情表现出兴趣。展示一些她可能喜欢的东西。

你可以询问自闭症孩子的父母与她沟通的技巧，他们肯定会感激你的这个提议的。

向其他和你孩子互动的人提供有用的提示。例如，建议他们使用简单的语言，慢慢地说：
- 使用具体的术语。
- 重复简单的问题。
- 给予孩子反应的时间。
- 给予很多的赞美。
- 不要试图阻止孩子的自我刺激行为。
- 记住每一个自闭症个体都是独特的，他们可能会有不同的行为表现。

自闭症孩子可能看起来对任何事物都漠不关心，其实他们关注着周边的一切事物。即使他们没有在看你，也在听你说话。不能交流并不代表他们不理解你，或者他们没什么可交流的。和每一个孩子沟通时应当相信他们能够听懂你的话。

——Chantal Sicile Kira www.chantalsicile-kira.com

居家服务

和大多数服务一样，我从其他父母那里找到了最好的保姆和助手。你可以询问孩子的学校、营地或游戏团队。很多时候，那些白天和孩子们在一起的人可以提供上门服务，或者在你外出休息的时候对孩子进行治疗，或者只是监督。

❤

留意你当地的大学，他们通常会把你对保姆的要求发布在适当的部门，很可能是在特殊需要的教育部门。

❤

一旦雇用了保姆，他们表现好的话就留住他们。这里有一些监管保姆和女儿在家工作时的技巧：

- 确保责任明确，包括你期望的时间，他们有责任尽快给你反馈。
- 在厨房或网上做一个日历，标注特殊的约会或日程安排上的变化。
- 如果你期望他们在某些方面有一定的灵活性，就请为他们做好准备。
- 明确需要他们做的工作，每样东西都要有固定的位置，便于他们找到它们。
- 他们是来帮助你的孩子的，不是你的顾问。不要所有的问题都问他们。
- 保持界限——尊重且专业地与他们保持融洽的关系。
- 对他们的工作表现有高期待，但要对他们需要完成的具体工作加以明确。

——Chantal Sicile Kira www.chantalsicile-kira.com

巧克力饼干

摘自 *Rosie's Bakery AllButter*，*Fresh Cream*，*Sugar Packed*，*No-Holds Barred Baking Book* by Judy rosenberg of Boston's rosie's Bakery. © 1991 Workman Publishing,

对两种简单的成分进行替换，可以创造出同样美味的无麸质版本。

2 杯各加 1 汤匙的面粉（或帕梅拉工匠无麸质混合面粉）；

1 茶匙小苏打；

3/4 茶匙盐；

1 杯（2 根）黄油；

1 杯红糖；

每 1/2 杯加 2 汤匙砂糖；

1 茶匙香草精（如果需要，请选用无麸质的香草精）

2 个常温鸡蛋；

2/3 杯巧克力豆（Enjoy Life 牌不含乳成分）。

预热烤箱至 375 ℉，把面粉、小苏打和盐撒入小碗中，放在一边。把软化的黄油或酥油和红糖或白糖混合在一起，然后加入鸡蛋。在碗中加入干料，混合在一起，直到混合均匀，加入巧克力。用一个小冰激凌匙子或西瓜球勺将混合液放在烤盘上。烘焙 11—12 分钟。在架子上冷却，然后放入冰箱冷藏！

第5章

日常生活技能

日常生活包括很多的内容，你必须考虑女儿日常生活的方方面面。普通孩子的父母会发现，一旦教给孩子一个技能，或孩子自然而然地学会一个技能，就可以转移到"教"下一组技能。而作为自闭症儿童的父母，我们必须得一遍又一遍地教给女儿同一种生活技能，而且需要终生为女儿提供帮助。

教授基本技能

尽早地教孩子自理和日常生活方面的技能。她们掌握技能需要一段时间，所以越早开始越好。如可以尝试让她们摆餐桌或自己准备午餐。

——Megan Miller，Head Teacher

即使孩子不能完成整个任务，你也不要代劳。你可以给她分配一些任务让她先参与进来。例如，当鞋带松开时，让她自己系好；你扣上拉链头，但让孩子拉上拉链等。随着孩子技能的发展，可以逐渐增加步骤，提高孩子的独立性。

——Jenn Gross，OTR/L

提高沟通技巧

切记孩子的许多行为具有沟通功能。如果孩子无语言能力，就会用不恰当的方式进行沟通。教师和父母在选择是否给孩子使用替代沟通系统（例如：打字、手语等）时通常都会犹豫不决，他们往往担心会阻碍孩子语言的发展，或者觉得像是放弃了孩子或学生。然而研究证实，这些替代沟通系统会提高孩子的语言能力。

——Chantal Sicile-Kira，www.chantalsicile-kira.com

♥

让孩子明白你的意思。语言理解困难的孩子在他们感兴趣的时候，通常会非常仔细地观察别人正在做的事情。如果准备给孩子看一些东西，你可以说"看"！也可以说"只要你看，我会给你东西"，让孩子在你发出指令的时候做出正确的反应，同时观察你接下来要做什么。这样，就可以通过做有趣的事教孩子学会观察。

——Tahirih Bushey MA-CCC，Autism Games，
http://sites.google.com/site/autismgames/home/parent-tips

♥

为有言语沟通障碍的孩子寻求辅助和替代沟通（augmentative and alternative communication，AAC）方案时，切记不要单独使用这些替代沟通系统。即使是普遍使用的电子语音生成技术，也需要借助自然的自我表达策略，例如书写、姿势和眼神接触。简单的辅助和替代沟通系统，从图片、符号、卡片到导入语音生成设备或剪贴簿所使用的数码照片，都可以帮助孩子达到沟通的目的。当各种沟通方式（包括孩子的口头语言）与孩子的期望相吻合时，有效的沟通才会发生。

——Patti Murphy，Writer，DynaVox Mayer-Johnson

♥

一些自闭症孩子不知道语言是用于交流的。语言练习不仅可以促进沟通，而且可以促进语言的学习。当孩子要一个杯子时，给她一个

杯子。当孩子要一个盘子时说的是杯子，你得给她一个盘子。孩子需要明白当她表达需要时，相应的事物会出现。对于自闭症的孩子来说，如果表达的需求与出现的东西不一致，容易让他们感觉自己说话是错误的。

——Temple Grandin，PhD，author of
Thinking in Pictures and The Way I See It，
www.autism.com/ind_teaching_tips.asp

❤

　　语言理解困难的孩子很难区分辅音，如"狗"的首字母"D"和日志的首字母"L"，言语老师通常会通过延长和加强语气来帮助她学会听这些声音。即使这些孩子已经通过了纯音听力测试，她仍然可能很难听到这些辅音，因为用元音发音的孩子是听不到辅音的。

——Temple Grandin，PhD，author of
Thinking in Pictures and The Way I See It，
www.autism.com/ind_teaching_tips.asp

❤

　　避免使用冗长的口头提示，因为自闭症患者很难记住顺序。如果孩子能够阅读，请将提示写在一张纸上。比如我就无法记住顺序，在询问加油站的路线时，我最多只能记住三个步骤，三个以上的提示我就必须得写下来。我也难以记住电话号码，因为我无法在大脑里对它们形成图像。

——Temple Grandin，PhD，author of
Thinking in Pictures and The Way I See It，
www.autism.com/ind_teaching_tips.asp

有些儿童和成人更擅长用说唱的方式。如果把一些单词和句子唱给他们听,他们的回应可能会更好。还有一些自闭症孩子,对声音极其敏感,如果老师与他们窃窃私语,他们的回应效果会更好。

——Temple Grandin, PhD, author of
Thinking in Pictures and The Way I See It,
www.autism.com/ind_teaching_tips.asp

提高社交技能

自闭症儿童生来是不知如何寻求帮助的,这是一个需要教授的社交技能。例如,在课间,一个小孩的鞋带开了,他会去寻求老师帮助,请老师帮他系好鞋带,但自闭症儿童却不会。因此,当他们够不到或打不开东西时,老师可以用语言辅以图片帮助他们,教他们在需要的时候寻求帮助,这是下一个步骤。

——Chantal Sicile-Kira, www.chantalsicile-kira.com

当女儿很小的时候,你就要给她安排玩伴。随着年龄的增长,你必须教她如何主动与别人交往。例如,如何打电话约朋友并安排见面、如何发送短信或留下一个语音邮件。你可以鼓励她在学校积极加入象棋俱乐部、与动物相关的俱乐部和戏剧俱乐部等。

许多自闭症女孩喜欢用脸书沟通、了解他人,这当然需要别人的帮助。对那些几乎没有语言技能的女孩而言,这也是一个与他人沟通的好方法。

❤

训练女孩的距离认知能力,让她们知道除家庭成员之外,要与其他人保持至少一个胳膊的距离,靠别人太近是不礼貌的行为。即使是非常了解的人,也应保持在一个胳膊的距离内。随着孩子慢慢地长大,父母可根据情况调整具体的规则。

❤

少女和成年女性需要了解和掌握社交场合中的安全规则。比如,何时何地与陌生人约会或交谈,要教她们选择在白天且人流集中的地方(星巴克、校园图书馆或咖啡店),一定避开晚上或私人场所。这是非常必要的。

❤

对于自闭症少女和女性来说,有一个值得信任的女性朋友大有益处。因为彼此熟悉,所以非常方便在真实情景中进行社交练习,还能及时获得适当的反馈信息,避免在社交场合遭遇尴尬。

❤

为防止被人误解,应让孩子知道,盯着别人的某些生理部位看是不礼貌的、不合适的。要告诉孩子,不要盯着别人用泳衣遮盖的隐私部位看。

❤

自闭症少女不可能读懂对方喜欢她的暗示。所以,表白需要明示,不要玩浪漫。

在学校找到那些像鸡妈妈一样的女孩,因为她们能够将你的女儿带在身边,并教她学习学校社交行为。这样你的女儿在学校中会更善于社交。

"隐性课程"——社交情景中没有明确提出的规则——这些是需要教给自闭症女孩的。她们不能像正常孩子那样通过耳濡目染习得,通过实践帮助她们理解社交规则是很好的方法。

在与女儿交谈时,帮助她们理解同伴间行为的含义和周围正在发生的事情,如同性互动、异性互动、调情、抚摸、炫耀未来男友的优点等。有些时候戏弄、开玩笑地打闹等,可能是打情骂俏的暗示,不是冒犯,没必要向老师打小报告。

让女孩知道私密交谈和公开交谈的区别。私密交谈是与你亲密的家人(姐妹和妈妈)在私人的场合(家)进行的交谈。公开交谈是与你的公众朋友(同学)在公共场合(学校咖啡厅)进行的交谈。

提高阅读技能

下面这些建议是改编自 Alice Woolley 关于"鼓励自闭症儿童阅读的 11 条建议"(www.insidethebubble.co.uk)。

每天阅读并逐渐跟进。试着养成每天阅读的习惯,你一定想让孩子记住前一天学习的东西，并在此基础上继续前进。

即使每天读一点也行，不必将所有的任务拖到周末并开启马拉松式的阅读。短时间内集中注意力更容易，考虑孩子的年龄和注意力。每次5分钟，随着孩子年龄的增长逐渐增加到45分钟。如果超出这个时间范围，你所有的努力都会打折扣。

首先从"CVC"（辅音-元音-辅音）的单词开始。许多儿童读物，甚至大量的早期读物，都不考虑孩子的词汇量。有些读物甚至高估了孩子们的早期阅读水平，例如"木琴"（xylophone）、"通过"（through）这些单词。包含辅音-元音-辅音三个字母的单词是较容易读的，确保尽早给孩子提供这方面的材料。

押韵与重复（rhyme and repetition）：Seuss 博士的《帽子中的猫》（The Cat in the Hat）是一本适合初学者的好书，因为它重复了"辅音-元音-辅音"押韵词，重复的词显然更容易被记住。

从那些通过发音可以拼写的单词开始。有些简短的词发音不规律。例如：什么（what）、是（was）、二（two）、女孩（girl）、一（one）、是（are）。在孩子对读单词很有信心且能正确读出单词前，不要让孩子与这些不规律的单词纠缠。当孩子可以流利地读如"猫"（cat）、"垃圾桶"（bin）和"得到"（get）这些单词时，可以逐渐引入发音较难的单词。

持之以恒。阅读障碍是自闭症儿童常见的一种障碍。让其快速达到正常的发展阶段希望渺茫,但是只要坚持就好。

不要让孩子猜测。有时候孩子会从图片中读到一些线索,如果孩子对一个故事非常熟悉,她便会只是简单地记住大概而不再读。为了测试她真实的阅读水平,有时你需要频繁改变故事的文本。此外,黑板或纯文字的闪光灯卡也能派上用场。

有几位家长告诉我,电视上的字幕可以帮助孩子阅读。孩子在阅读字幕时会匹配口语单词。把孩子喜欢的带有字幕的节目录在磁带上是有帮助的,因为磁带可以一遍一遍地播放和随时停止。

——Temple Grandin,PhD,author of
Thinking in Pictures and The Way I See It,
www.autism.com/ind_teaching_tips.asp

提高学业技能

许多自闭症儿童会固执地迷恋某样东西,比如火车或地图。用它们来激发学习是最好的方式。如果孩子喜欢火车,那么就用火车教阅读和数学,可以让孩子读一本关于火车的书或者做与火车有关的数学题。例如,计算一列火车往返于纽约和华盛顿之间需要多长时间。

——Temple Grandin,PhD,author of
Thinking in Pictures and The Way I See It,
www.autism.com/ind_teaching_tips.asp

♥

  让孩子在温暖的沙滩上寻找、触摸以及区分不同的物体,通过触摸而不是眼神接触探索物体,像信件和类似的其他平面物体都可以作为初步的练习材料。

——Bob Woodward and Dr. Marga Hogenboom,
Autism: A Holistic Approach

♥

  用直观的方式教授数字概念。我的父母曾给我一个数学玩具,帮助我学习数字,它由一组一到十的不同长度和不同颜色的数字积木组成,由此我学会了如何计算加减法。为了教我学分数,老师也用过一个被切分成四块的木制苹果和一个被切分成两半的木制梨,由此我学到了四分之一和一半的概念。

——Temple Grandin, PhD, author of
Thinking in Pictures and The Way I See It,
www.autism.com/ind_teaching_tips.asp

♥

  有些自闭症孩子喜欢在秋千上摇摆或在垫子上打滚,老师如果充分利用这点与他们互动,孩子们就会更好地回应老师,这个过程会促进眼神接触和言语能力的发展。摇晃和来自垫子的感觉刺激,可能会促进孩子言语能力的发展。荡秋千应该被作为一种经常的趣味性游戏,但不要在孩子不喜欢的时候强迫他们去玩。

——Temple Grandin, PhD, author of
Thinking in Pictures and The Way I See It,
www.autism.com/ind_teaching_tips.asp

家庭作业建议

以下建议由国际会计师公会（AIA）成员、能源与环境设计先锋奖（LEED）得主，Cathy Purple Cherry 提供。

我有一个自闭症儿子，他 19 岁了，正在学习资格证书课程，而不是学历课程。目前课程的重点是培养他的生活技能和独立性。他的数学是四年级水平，英语是七年级水平。我的建议来自于对他的抚养经历。

孩子进入中学后，你需要考虑什么样的教育对他的未来是重要的，而且你需要作出长远的打算。作为自闭症孩子的父母，你要考虑到他们成年之后的出路。你所做的教育决策将对孩子的未来产生重要的影响。

与孩子的老师和特殊教育协调员（Special Educational Coordinator）保持良好的沟通非常重要。最好是通过电子邮件和正式的书面文档保持联系，因为这对以后的个别化教育计划会议是重要的参考资料。我的儿子只是一名学生，他能在一张纸上回答出十分之一的问题已经不错了。而对我来说，孩子得了 A 是老师基于学业及学业以外的表现对孩子作出的评价，这与地方教育委员会单纯以笔试成绩作为评价依据不同。

让老师决定孩子该用多长时间完成家庭作业。老师们应在作业本上注明完成作业所需的时间。当孩子开始做作业时,设置好计时器,等计时器响起时让孩子停止写作业,即便孩子只做了一道题也没关系。在我看来,对自闭症孩子来说,做自己喜欢的事和锻炼独立能力更有意义。

♥

了解并顺应孩子的学习天赋。不要让孩子为不擅长的学业领域的任务焦虑。要知道对这些孩子来说,时间是最好的老师,做任何事情只不过是需要花更多的时间。一定不能替孩子完成家庭作业,不要以为这是在帮他,这可能会给他的教育团队留下错误印象,成为个别化教育计划会议上的阻碍。

♥

以下的建议是有关如何帮助注意缺陷与多动症孩子完成家庭作业的(同样也适用于自闭症),由 Laura Wilson 提供(http://adhdchildren.suite101.com/article.cfm/tips-for-helping-anadhd-child-with-homework)。

- 孩子完成作业,需要一个有利的学习环境。首先,为孩子准备齐全的学习用品,以免其走动而分散注意力;第二,了解孩子学习时比较适应的声音环境。有些孩子在完全安静的环境中学习效果最好,有些则不然,他们需要像电风扇一般的嗡嗡声。某些类型的音乐有助于提高孩子的学习效率。父母需要尝试不同的做法,请坚持用效果最好的方式。

- 规则和环境确定以后,父母可以尝试改变一些其他影响因素,看看它们是否有助于孩子的学习。

- 如果孩子坐着会紧张,那就让孩子站起来。四处稍微走动一下可能有助于集中注意力。用胶带在地板上做一个正方形的区域,让孩子在里面走动。

- 提供材料帮助孩子提高学习效率。准备一些粘扣,做一些填充了面粉、大米或糖的压力球,让孩子一边玩一边思考。
- 某些气味有助于孩子集中注意力。尝试罗勒(一种植物)、菠萝、薄荷或柑橘气味是否有助于孩子学习。
- 保持嘴巴忙着。对于一些孩子而言,嚼口香糖或脆脆的东西可以帮助提高学习效率。
- 经常检查孩子的作业,以免孩子一错再错。从头再来会令人沮丧,如果父母及时发现错误,就不会有什么大问题。
- 给予奖励。像许多父母那样,在孩子作出努力的时候给予奖励,这样会激发孩子的学习动机。
- 注意力缺陷(attention deficit disorder)的孩子是可以有效地完成家庭作业的。有效地利用多种策略,为孩子创设积极的环境和规则,父母将看到很好的结果。
- 在预定的时间允许孩子休息。例如,为孩子设置 15 分钟的学习时间,然后是 5 分钟的休息时间,孩子可以伸展身体、跑或和宠物玩。在短暂的休息之后,他们的学习会更有效。
- 除此之外,建立、保持规则,并与孩子的老师交流。父母在家里必须加强日常规则管理。自闭症儿童和成年人经常在高度焦虑和困扰状态中挣扎,父母可通过坚持用日常方法和疗养方案帮助其缓解焦虑情绪。

——Grace Chen, "5 Tips for helping Your Autistic Child Excel in Public Schools,"
www.publicschoolreview.com/articles/88

管理孩子的环境

做孩子问题的专家。你需要清楚孩子"不好的"或"破坏性的"行为是由什么导致的,是什么引发了孩子积极的回应,孩子有什么压力,孩子是保持安静、不舒服还是愉快。如果知道是什么影响了孩子,你将可以更得心应手地应对问题,避免问题扩大。

——Reprinted with permission from helpguide.org.
See www.helpguide.org/mental/autismhelp.htm
for additional resources and support

❤

观察孩子饭后的行为、情绪,环境变化(如夏季外出)以及孩子所接触的不同的灯光、声音和风景。要变成像福尔摩斯一样的人,精准判断需要做调整的因素。

❤

当孩子捂住耳朵时,可以先问她是喜欢嘈杂声还是喜欢耳语般的声音,然后投其所好,并记得感谢她让你知道了令她舒适的方式。现在玩吧!告诉孩子你喜欢唱歌,并唱出你对她的爱。这样做既可以了解她的心情,也能对感觉器官进行脱敏训练。请慢慢地教她用语言表达请求。

——Lynette Louise, MS, Board certified in
Neurofeedback by BCIA NTCB

♥

创建一个家庭安全区。在家里开辟一个私人空间,这样能让孩子感到放松和安全。用孩子可以理解的方式组织和布置环境。视觉线索提示是有用的(带色彩标识的是禁止区域,在房子里用图片标记物品)。要对房子进行安全防护,以防孩子乱发脾气或有其他自伤行为时发生意外。

Reprinted with permission from helpguide.org.
See www.helpguide.org/mental/autismhelp.htm
for additional resources and support

♥

必要的时候不要怕管教孩子。自闭症儿童可能会故意表现出不恰当行为。对父母来说要知道哪些行为是刻意的,哪些行为是无意的,这很有挑战。但是父母不应该假定孩子所有的行为都是无意的。和正常的孩子一样,父母应该告诉自闭症孩子什么应该做或不应该做。

家庭活动

对自闭症儿童来说,与父母和兄弟姐妹一起玩棋盘游戏很有趣。他们经常会被思考逻辑和策略方面的游戏所吸引,如记忆性游戏和猜谜语。这些活动会使孩子与家人更亲密地互动。

——Angie Geisler,"Fun Activity Suggestions
for Parents of Children with Wutism,"
www.brighthub.com/education/special/
articles/57559.aspx#ixzz0l0Qc6jnt

♥

父母经常与孩子一起参与合作性的活动,有助于孩子自信心的增强和沟通技能的获得,这些技能是他们与正常儿童共同活动所必须的。

——Angie Geisler,"Fun Activity Suggestions
for Parents of Children with wutism,"
www.brighthub.com/education/special/
articles/57559.aspx#ixzz0l0Qc6jnt

♥

注重感官的探索性活动,尤其是涉及视觉和触觉学习的活动。这些活动可以在家里组织开展。家长要鼓励自闭症孩子积极参与一些感觉活动,包括手指绘画、配色卡片、玩积木和橡皮泥。在游戏过程中与孩子之间建立联系并鼓励孩子在参与活动中进行双向交流,而不是让孩子自己玩。

——Angie Geisler,"Fun Activity Suggestions
for Parents of Children with Wutism,"
www.brighthub.com/education/special/
articles/57559.aspx#ixzz0l0Qc6jnt

引导行为与"社交"的管理

利用自我刺激行为。刺激行为的出现经常是为了逃避或满足身体的需要。如果很好地利用,会获得孩子短暂的注意,并可以在此基础上建立沟通。

如果你的女儿正在哭泣或非常沮丧，请试着保持平静的状态和平和的面部表情。在多数情况下，这样做可以使她比往常更快地平静下来。

如果孩子极度活跃并且失控，不要通过大声喊叫让她停下来。在一个拥挤和嘈杂的场所（操场和超市），孩子会受到环境过度刺激的影响，喊叫只会使事情变得更糟。同样，孩子可能会从商店货架上抓取物品并乱跑，责骂只会增加混乱、带来感情上的负罪感。应该等孩子安静下来之后进行管教。可以先带她离开，用一种舒缓的方式……记住要用冷静的语言和姿态使一个失去控制的孩子平静下来，并帮助孩子重新组织、恢复注意力。

——Stanley Greenspan，MD，Overcoming ADHD

或者，孩子需要你完全安静。

认真观察孩子的肢体语言：是跑步、跳跃、摔在地上还是撞到墙上？孩子喜欢久坐后活动吗？和孩子的职业治疗师谈谈孩子所寻求的运动和感觉刺激。

——Jenn Gross，OTR/L

让孩子劳动。可以让孩子在家帮你做日常家务，对她的身体也是锻炼。例如，餐后把椅子推进去、在杂货店推购物车、搬运重的物品（米和罐等）、帮着收拾行李、拉箱子、打扫卫生和把洗衣篮放到洗衣机上等。

——Jenn Gross，OTR/L

家长对孩子提出问题之后，一定要给她们足够的时间来组织和思考。思考对她们来说很难，但对其发展至关重要。

——Megan Miller，Head Teacher

计算机和设备时间

Mia 和 Gianna 可能一整天时间都在玩 iPad。许多时候是看视频和听音乐。她们会不停地按暂停、重复、暂停、重复、暂停、重复。

在家里 Bella 会用 iPad 进行娱乐活动和交流，但不是像她的妹妹那样开口说话。她用的是一款名为 AVATalker 的应用程序，是她的好朋友 Erik Nansteil 设计和推荐的。它就像是旧的 PECS，很方便在家里使用，在 iTunes 商店里也可以找到这款软件。

在 iPhone、iTouch 和 iPad 上的应用软件为孩子提供了很多的选择。有成百上千个与自闭症有关的应用程序——你可以在自闭症应用超市找到它们。Prolocom2Go 是最受欢迎的应用软件之一，它可以帮助孩子学习交谈和进行 ABA 闪存等。

请访问与自闭症相关软件的博客，自闭症检验中心（http://autismepicenter.net/blog/blog2.php/2010/06/01/autism-apps-that-will-help-you）。

有意识地规定孩子玩电脑的时间,就像对待看电视一样谨慎。电脑有巨大的潜在教育作用,但同时对孩子的社会发展也存在潜在的危害。

——Tahirih Bushey MA-CCC,Autism Games,
http://sites.google.com/site/autismgames/home/parent-tips

把电脑作为社交动力机制而不是社交互动中的小憩使用。这意味着要找到与孩子互动的方式,帮助孩子通过电脑与别人交流,坚持把电脑作为一个工具来用。

——Tahirih Bushey MA-CCC,Autism Games,
http://sites.google.com/site/autismgames/home/parent-tips

帮助孩子在其他场合和社交情景中利用从电脑上学得的新知识或技能。例如孩子正在玩探险家寻找珍宝的电脑游戏,偷窃者试图定期盗窃珍宝。找机会进行角色扮演,与孩子一起玩这个游戏,带领孩子在房子的周围发现同样的珍宝。不要省略这一步,花点时间找出如何将这些常规步骤运用到每一个新的游戏中并介绍给孩子。自闭症孩子是以碎片化的方式进行学习的,不会将一种情景中学到的东西迁移到另一种情景中。请把电脑变成一个可选择的世界,让孩子可以将在上面学得的技能变成在现实中有用的东西。

——Tahirih Bushey MA-CCC,Autism Games,
http://sites.google.com/site/autismgames/home/parent-tips

♥

稍不注意，你限制孩子用电脑的决心就可能会被减弱。当然，电脑可以使孩子获得一些新技能，孩子也可能会很享受玩电脑。我看到很多父母与沉溺于电脑的孩子做斗争，电脑像是毒品，我也见过很多孩子通过暴力获得玩电脑的时间。让孩子不受控制地玩电脑会对家庭产生破坏，就类似让孩子看太多录像，或者购物时孩子要求你买东西，或者孩子说服你为他做不同的食物等。如果在这些需求方面向他们妥协，会使你的家庭生活变得非常困难，对孩子来说是则弊大于利。不受控制地用电脑就是这些需求中的一种。

——Tahirih Bushey MA-CCC，Autism Games，
http://sites.google.com/site/autismgames/home/parent-tips

♥

电脑对我们所有人来说是一个很好的工具。大多数人非常喜爱自己的电脑，但是我们必须学会适度和明智地使用它。与改变家庭规则相比，在这上面我们更容易做出一些主动的改变。如果需要的话，把电脑先暂时搁置一会儿，需要时再重新开启。

——Tahirih Bushey MA-CCC，Autism Games，
http://sites.google.com/site/autismgames/home/parent-tips

♥

Temple Grandin 常说："让孩子漫无目的地在电脑上花很多时间，这不是一个好主意。"但是，我们应该鼓励孩子发展电脑技能，因为这可能会是通向工作或职业的道路。Temple Grandin 建议家长为孩子找一位老师，每周一次，教孩子一些有助于未来就业的电脑应

用和技术开发领域的内容。

——Chantal Sicile-Kira，www.chantalsicile-kira.com

睡眠建议

我的父亲生于 1922 年，他曾给我们介绍过一款名为"paragoric"的婴儿催眠产品，它是一种鸦片酊剂。当得不到充足的睡眠时，我会变得极其可怕。日内瓦公约规定：禁止异常的睡眠剥夺。但是，日内瓦公约未提及自闭症孩子。

睡眠规则！孩子和父母应认真地遵守日常的睡眠规律，这样才能享受高质量的睡眠。不能用药物和其他治疗方法限制睡眠。如果睡眠存在困难，可以考虑使用褪黑激素，它适用于很多自闭谱系障碍的孩子，对睡眠有困难的父母也有好处。

如果没有固定的睡眠规律，包括固定的睡觉时间和地方（卧室和床），可能会引发一些慢性问题。

——Ellen Notbohm and Veronica Zysk，
1001 Great Ideas for Teaching and Raising Children with Autism Spectrum Disorders

偶尔的睡眠问题可能是由许多不同且难以确定的因素造成的，很难对其进行具体的分析。可以看看是否是新药物产生的负面作用、饮食方面的改变、排便时间的调整、作息的调整或者白天的小睡。

另外，可以从一天的活动记录中找出可能的原因。

遮光罩是一个很好的选择，它可以使卧室变暗，有助于孩子白天的小睡。

——Candi Summers，Autism & Parenting Examiner，examiner.com，
http://exm.nr/9sfVh8

来自 Cathy Purple Cherry 的睡觉建议

我们的儿子是从俄罗斯领养的，那时他 3 岁，现在他已 19 岁了。他睡觉前习惯从床的一边滚到另一边，这对他来说是一种安慰，我允许他翻滚一段时间。在他快要睡着的时候让他趴着，这样他很快就睡着了。为什么我要限制时间呢？因为如果孩子要去宿营和学校的话，这种翻滚的声音可能会使他周围的同学反感。因此，我会让他的同学也告诉他在几分钟后趴着睡觉。

正常的孩子和大多数自闭症的孩子都无法在很短的时间内马上入睡。不要自欺欺人地说："该到睡觉的时间了，每个孩子都可以！"应该仔细地为自闭症孩子做全面的睡前准备，对每一步骤给予具体的提示。如调暗或关掉灯、降低电视的声音，或制止其他孩子的吵闹，提前让环境安静下来。对于我们家来说，最初这个准备过程一般需要 2 小时。现在他已 19 岁了，这一过程的准备时间一般在 30 分钟内。同时，你的语气必须非常坚定，督促他逐步进步。

每个自闭症儿童的睡眠方式都是不同的。尝试着把毯子紧紧地裹在孩子的身上,或者让孩子穿着自己的衣服睡,仔细看看孩子更喜欢什么方式或有哪些偏好,不要试图让孩子按照你规定的做。

当孩子学习自己睡觉的时候,可以用枕头或睡袋来替代父母。如果孩子难以接受没有你陪伴的睡眠,可以先把这些东西放在床上,别让床显得有空缺。

如果时间允许的话,在早上或晚上给孩子洗泻盐浴,泻盐有镇静的功效,也能发挥温和剂的作用。这样做不仅有利于孩子排出体内毒素,也可以促进孩子的睡眠。

在晚上用褪黑激素的时候,开始时用 1 克的量,随着年龄的增长逐渐增加剂量。孩子晚上醒来的时候用缓释剂,可以使孩子能尽快入睡。与其他睡眠药相比,这种缓释剂相对安全且容易让孩子入睡,其不但能让孩子获得高质量的睡眠,而且还有抗氧化作用。

寄生虫

在我们的家里,房子里和肠道里的蛲虫十分常见,大部分孩子的胃肠道系统会受到影响。肠道已经感染蛲虫时,要与有类似问题的同龄人沟通。在正常儿童中,蛲虫是一种常见的寄生虫,可以通过喝一种浓稠血红色的药物驱虫。蛲虫是很小的线性蠕虫,大概有四分之一英寸长。雌蛲虫晚上常爬到孩子肛门里产卵,爬行时引起瘙痒,导致孩子易怒和夜醒。蛲虫在整个晚上进行孵化,孩子时常忍不住抓挠,这样蛲虫还很有可能会被吸吮入口,产生恶性循环。

如果孩子体内有蛲虫,晚上打开手电筒看看孩子的肛门,若出现白色的蠕动线,很可能就是蛲虫。拿一张干净的胶纸在肛门周围擦一擦,然后将纸拿给儿科医生看。医生在显微镜下可观察到它是否有产卵,这叫"胶纸检测"。尽管排泄物检测有助于确定肠道内是否还有其他的寄生虫,但你不必赶时髦,"胶纸检测"对蛲虫来说就足够了。

众所周知,目前虽有针对蛲虫的对抗疗法和自然疗法,但这些方法都很难完全根除蛲虫。

第 6 章

有效的教育方法

始终如一

保持一致性。自闭症孩子从一个环境(例如治疗室或学校)到另一个环境,会有一段艰难的适应期。例如,孩子可能在学校用手语交流,但在家里从不这样交流。强化学习最好的办法是确保孩子所处环境的一致性。你需要知道孩子的治疗师在做什么,在家也用他们的方法。保持你和孩子的交流方式与应对挑战性的行为方法的一致性也是很重要的。

——Reprinted with permission from helpguide.org.
See www.helpguide.org/mental/autismhelp.htm for
additional resources and support

❤

患有自闭症并不意味着你的女儿不能过充实的生活。请避免使用具有伤害性的语言,用充满力量的语言让她知道自己很有潜力。

❤

给孩子分配一些她可以完成的、结构化的日常家务,这有助于她的每一天更加结构化、更有成就感。建议用家务替代游戏。

❤

在孩子还小的时候就要控制住他们。他们 3 岁时所能忍受的东西,到了青春期可能就不那么容易忍受了。

——Judith Chinitz, MS, MS CNC, *author of We Band of Mothers*

♥

为女儿制定一个清晰明确的日程表,你的一切担忧及困扰会销声匿迹。

♥

留出一些自我放松的时间。在树林里散步、在公园里跑步或在湖边读书。照顾好自己,走进大自然有利于身心健康。

♥

调整对孩子的期望。很多家长要求孩子吃饭时规规矩矩地坐着,这是不切实际的。起初可以设定一些孩子可以实现的小目标,如在餐桌旁坐5分钟,或正确使用餐具。一旦这些目标达到了,再逐步将目标确定为坐上吃一顿饭的时间。

♥

灵活性是关键。尤其是在时间紧急的时候,要知道什么时候该让步,什么时候该继续工作或回到岗位上来。这与其说是科学,不如说是艺术。保持灵活与持之以恒同样重要。

♥

小女孩之间的友谊通常是在游戏中建立的,因而需要尽早开始。等上了中学,谈话、电话聊天、发短信等会成为她们保持友谊的主要方式,这样可以使她们更深入地交流,分享观点和看法。同时,与其他孩子一样,随着年龄增长,自闭症女孩开始越来越多地讨论异性。

♥

孩子可能很想交朋友,那些认为自闭症患者都是反社会的观点是错误的。如果孩子常常被拒绝,随着时间的推移,他们将选择逃避社交活动以免受伤害,因此让孩子学会如何保持友谊很重要。社会交往的规则会随着年龄的增长而变化,因此需要不断学习。

快乐地生活。说起来容易做起来难。你的情绪对女儿影响很大,所以要尽可能地将你的情绪当作警示器或促进剂。远离所有的消极影响、消极想法和消极的人。你和女儿没时间悲天悯人!

对自闭谱系障碍孩子而言,调节情绪尤其困难。当孩子情绪爆发时,记住不要给情绪"贴标签"。让他们描述自己的感受将有助于他们理解、学习和管理自己的情绪。这一策略在吵架、发怒时会特别管用,但要记住等孩子冷静下来之后再做处理。如果孩子使用的是手语,你可以借助图片交换沟通系统(The Picture Exchange Communication System)或其他视觉资料帮助孩子描述情绪。

坚持鼓励孩子:建立自尊心

培养女儿的自尊心,因为它是人生成功的重要基础。请用坚定的语气告诉她,你爱她、相信她;对女儿抱有高的期望,并告诉她达到这些期望的方法;教她坚持正确的观点,有选择的机会时,尊重她的决定。让她相信通过努力工作可以实现自己的目标,发挥自己的潜能。

——Chantal Sicile Kira,www.chantalsicile-kira.com

爸爸们要知道,女儿可能更愿意帮你修理汽车和建造堡垒,而不是帮妈妈做饭。然而这样的诉求有可能被忽略,因为她大部分时间都生活在自己的世界里,非常孤独。

——Rudy Simone,*Aspergirls*

自闭症女孩们往往拥有更多的兴趣,其中一些兴趣一般被认为是男孩的专属。她们可能更感兴趣的是如何建造一个火箭发射台而不是玩洋娃娃。作为父母,重要的是鼓励她们并给予积极的反馈以满足她们的兴趣。

父母不应该用自闭症定义他们的孩子,就像是不能说血糖高的孩子就患有糖尿病一样。有自闭症的特征和临床表现的孩子不应该被贴上"自闭症"的标签。你的孩子没有自闭症,就像我们所有人一样,你的孩子是一个可爱的、很好的人,有很多积极特征和需要解决的挑战。

——Dr. Mark Freilich,Total Kids Developmental
Pediatric Resources,New York City

很多自闭症儿童擅长绘画、艺术和电脑编程,应该鼓励他们发展这些天赋。我们需要特别重视和发展孩子们的天赋,因为它可以发展为孩子们将来就业的技能。

——Temple Grandin,PhD,author of *Thinking in Pictures and*
The Way I See It,www. autism. com/ind_teaching_tips. asp

♥

尽可能像对待普通孩子一样对待你的孩子。孩子们是不会辜负你的期望的。

——Judith chinitz, MS, MS, CNC, author of *We Band of Mothers*

♥

充分关注孩子,让他们在解决问题的过程中享受快乐,提升自尊。坚持这一点!在每个发展阶段都鼓励孩子独立自主,这样他们就会获得成功和更强的自信。

——Lynette Louise, MS, Board certified in Neurofeedback by BCIA, NTCB

♥

走出社区,不要把孩子关在家里。带孩子去游乐场、动物园或拜访亲戚朋友。

确保你的孩子真正成为一个孩子

让孩子每周参与一两项活动。让她选择自己感兴趣的项目,包括外出旅行。

回应问题行为

仅仅知道孩子是自闭症根本无法说明问题行为产生的缘由。他们和正常孩子一样,如果你纵容他们不恰当的行为,他们可能会发现你的弱点并加以利用。

　　自闭症孩子有不同的情感表达方式。一些孩子看到你情绪高涨时，会喜欢或渴望表达自己的情感；一些孩子会因日期、时间或情境等的不同而有不同的回应。不良行为通常是孩子某种情绪的外在反应。请近距离地观察她，判断是什么消极因素影响了她的行为。

　　请时常注意自己的行为。我们的反常情绪和潜在的紧张状态（积极或消极）会让女儿感到困惑和不知所措。重点是你要保持平稳的心态。

　　不要用做不到的惩罚进行威胁。如果不是真的打算取消生日派对，就不要说。不要用数到3或10的方法——因为孩子会数更长的时间，这会与你最初的想法大相径庭。面对一个2岁的孩子，你即便是温和而坚定地教她，她也不见得就懂你的意思，所以不用一直教——等到16岁时，她会明白你第一次所说的意思。为了讨孩子喜欢，父母常常任由孩子摆布，可如果这么做，到头来孩子既不会喜欢你也不会尊重你。

管理严重的攻击性行为

Tips by Cathy Purple Cherry，AIA，LEED AP

　　我的自闭症儿子14—19岁时曾表现出攻击性行为。他的攻击性行为大多数是消极的，而且是自残的形式。这种行为有时相当暴力，有时，指向他的兄弟姐妹。他有几次用头和脚撞墙,直到流血,弄得满地板都是。这种情况最近很频繁,他还试图用棍子刺自己。以下是过去5年我的一些办法。

- 这是我经历的第一个最难的课题。当有人旁观时,自闭症孩子的攻击性行为会变本加厉,所以我学着走远一点,靠近门,关上灯,忽视他。这一点,我花了至少3年的时间才做到。

- 某些情况,特别是在自闭症孩子和他们兄弟姐妹之间的冲突方面,预防是可能实现的。侵犯个人空间是一个重要的导火索,因此要避免穿过或进入他人的房间。我一直安排我的自闭症儿子在家具的周围活动,这样他就不会碰到兄弟姐妹了。

- 我儿子在攻击性反应后的表现是消极和被动的,标志是下蹲。在自残后,他就会不声不响地停下来。这样的情况不是偶尔出现而是经常出现。他若不在自己的卧室,我会尽可能地让他待在庭院的草坪上,这样我可以在屋里偷偷观察他。自闭症孩子需要时间去学习克服他们的情绪反应。

- 如果你的自闭症孩子有暴力倾向,最好带他/她到医院的急诊室并暂时住进精神病病房或给警察打电话。消除家里的危险因素并告知其他人所发生的事情。

- 第一时间与孩子的精神科医生沟通,了解在暴力行为发生之前应使用什么样的镇静药物。如果暴力行为再次出现,请再次与孩子的心理医生沟通。

与伴侣或配偶合作

以下建议改编自 Toni Schutta (MA, LP, Parent Coach, author, and founder of www.getparentinghelpnow.com)。

与配偶达成相互支持(或至少保持中立)的协议。要知道统一战线的重要性,孩子不能分而治之,这是毋庸置疑的。当你们在孩子面前争论时,孩子们会感到困惑。控制欲强的孩子会利用这种情况为自己谋利。通常情况下,你会被卷入辩论中,而处罚孩子的事则会被遗忘,同时也削减了配偶在孩子面前的权威,这是你所不希望看到的。

约定信号。如果你强烈反对配偶的意见,请提前约定一个信号,意思是"休息一下",让我们谈谈这个。也许用你的手做一个"T"的手势来表示暂停是个不错的选择。

在私下与配偶谈论孩子的过错以及对应的处理方法。抽出时间和配偶谈谈如何处理某一情况,这是尊重配偶的礼貌的方式。你也可以再考虑有无其他的选择。不管怎样,你非常有必要创造一个成人共同解决问题的空间,而且你与配偶要组成一个处理问题的团队。

看看配偶是否已经做出了决定。许多孩子会用"爸爸说我可以"的俏皮话得到他们想要的东西。当你从孩子那里听到这句话时，明智的做法是问配偶是否同意孩子的请求。这再次向孩子表明，作为父母，你们是团结的、互相支持的。如果孩子试图操纵你，通常代表孩子改变心意了。

针对最常见的错误行为制定一些家庭规则。例如，所有的家庭都应该有这样一个规则："不准伤害他人的身体——打、踢、咬等。"当身体受到侵犯时，父母双方都应保持一致的态度。父母不见得永远会达成一致，但若能对前三种行为做出一致的回应，将会对孩子产生积极的影响。

一些小的失误可以由爸爸或妈妈自行处理。只要有合理的家规，就别谨小慎微。学习解决问题和沟通的不同方法对孩子来说也是有益的。夫妻若擅长于用幽默的方式缓解尴尬，一些小分歧对孩子来说可能是有益处的。

不要责怪其他成人。不要因孩子的问题"责怪"任何人。你可以通过列表格的方式说明每个有帮助作用的家庭成员的长处。

——Stanley I. Greenspan, MD, *The Supportive Family Environment*

化解地狱危机

如果女儿处于崩溃状态，在打算转移她之前，请把其他人隔离在外,这有助于防止局势升级。

——Megan Miller,Head Teacher

♥

练习深呼吸,有助于你和孩子一起保持冷静。你越冷静,孩子将感到越安全,从而可以防止事态进一步升级。

——Jenn Gross,OTR/L

♥

准备一个安全、宁静的地方,不用太大,保证孩子沮丧和愤怒的时候有地可去。对他们而言,在情绪波动时需要有一个舒适的、属于自己的地方可去。

——Jenn Gross,OTR/L

♥

咀嚼冰块可以帮助你的女儿平静下来。你可以帮助孩子用冰箱制造和储存冰块。许多孩子会在情绪爆发前寻找特定的感官刺激,冰块可以帮助他们进行自我调节。

♥

你正在努力创建和维持的稳定局面若遭遇"不速之客",可能会功亏一篑。"不速之客"可能是香水、人群(尤其是儿童)、家庭清洁用品,甚至可能是药物。

——Carolyn Nuyens and Marlene Suliteanu,"The Holistic Approach to Neurodevelopment and Learning Efficiency(HANDLE),"
Cutting-Edge Therapies for Autism

♥

"发脾气"或"崩溃"实际上是一种无助的呼吁,一种感觉到压力超出承受能力的请求。这里需要给家人提醒：要试着找出让孩子无法忍受的是什么，别想当然地认为没什么不一样。超市里离地很高的天花板、噪音、人群和气味，或者是这些东西的任何组合都可能是孩子发脾气的诱因。永远要相信，总有一个突如其来的原因存在。

——Carolyn Nuyens and Marlene Suliteanu,"The Holistic Approach to Neurodevelopment and Learning Efficiency（HANDLE）,"
Cutting-Edge Therapies for Autism

❤

在这方面，家长应该与学校合作。有些孩子会因此而逃课回家，如果学校不乐意接纳他们，他们将正好如愿以偿。

❤

父母必须仔细评估孩子们的反应模式，判断其是否与某一问题行为相一致。

——Jenifer Clark，MA PhD(c),
"Applied Behavior Analysis,"
Cutting-Edge Therapies for Autism

❤

前面我已经提到了写日志或日记的重要性，并提供了一个示例工作表（www.skyhorsepublishing.com/therapy_logbook.xls）。这将是分析孩子崩溃原因的主要线索。如果你追踪孩子崩溃前后的饮食、时间、日期、天气以及诸如此类的记录，就可能会发现某种规律，这样就可以提前避免或至少有所准备。

❤

不要在自己崩溃的时候教孩子。问问自己，当你生气、恐惧、过度紧张、过度焦虑或有其他情绪障碍时,你的心情是怎样的。

——Ellen Notbohm and Veronica Zysk, *1001 Great Ideas for Teaching and Raising Children with Autism Spectrum Disorders*

♥

当你预感孩子要发脾气时,可以努力转移孩子的注意力。请在手边放一些可以咀嚼的玩具、冰块或者孩子最喜欢的视频,它们都可以帮助你将一场危机扼杀在摇篮里。请告诉孩子的监护者所有这些前兆,并与其他父母分享策略。

♥

忽略孩子发脾气(态度严厉也可以起作用)。当然,忽略只能在家里使用,因为她很可能会把注意力转向其他的东西,或者是失去了发脾气的动力。然后,你可以继续进行一些问询,了解发生了什么,并尝试了解下次如何避免这种情况。

♥

在情绪爆发期间,要保证每个人的安全。如在家里你可能会采用的某些策略,在社区使用就会变得很困难,因为周围其他人也会卷入,所以最好尽快把孩子带走。

♥

孩子发脾气可能会吓到你,但他们是为了寻求帮助、理解。孩子和你一样感到害怕,你们之间需要沟通。

第 7 章

个人护理

如厕技巧

对我来说,训练女儿如厕是非常困难的。除了名字因隐私不便透露外,其他我能为女儿们所做的都可以与你分享。所以,我怎么看待"如厕训练"呢?如果哪天我只看到自己的大便或尿而不再看到她们的,就说明训练完成了。实际上,我的女儿没有一个现在能自己擦屁股,所以我还任重道远。

我的一个女儿接受了一位优秀的学校专业人员的培训,她被要求坐在马桶上直到排便为止,其间她一直在大声尖叫。两三次之后,她不再感到恐惧并接受了更多的训练。这个过程需要严厉的爱,以及耳塞。我们至今仍非常感谢这位老师。

我的一个女儿习惯在电脑前排便。我们曾想尽一切办法让她去厕所,甚至把电脑(台式电脑)连同桌子和其他物品都搬到厕所,也未能奏效。后来我们一直重视改变饮食,用大便软化剂帮她排便。终于有一天,当我走进洗手间的时候,发现那里有大便,我意识到是她的。她在自己需要的时候去了洗手间。那时她已经快到12岁了。

比起其他姐妹,我还有一个女儿更加麻烦。她去厕所不是小便或大便,只是特别喜欢去厕所。如果你读过我的回忆录,就会知道我家浴室曾因此发生过几次水灾,我终于不得不寻求专业人员的帮助。在全国自闭症会议(National Autism Conference)上,我有幸遇见了Brenda Batts,她是一位自闭症患儿的妈妈,也是《准备,开始,便便》(Ready, Set, Potty)一书的作者。我听从了她关于自闭症女孩的相关建议,它们很管用!

来自 Cathy Purple Cherry 的小贴士

自闭症儿童需要坚持不懈地重复学习。因此，成功的如厕训练可能与重复练习密不可分。当回顾多年来养育自闭症孩子的历程，你会发现，耐心是孩子给你的宝贵礼物！在养育孩子的过程中，父母的耐心会成倍地增加。

自闭症儿童有时不能感知周围环境，因为他们的触觉比较迟钝。例如孩子对炎热和寒冷的感知就比较迟钝。要意识到孩子可能不在乎自己的衣服是否弄脏了，你需要试着接受这种行为，这可能是一个很大的挑战，但同时这也可能是唯一的办法。

在学校实施奖励制度是必要的，因为它可以改变不良行为。如果孩子在如厕训练中有所进步，可以尝试用一个积分表或奖励图表引导他们的行为。对我的儿子来说，一罐樱桃派的馅料更能激励他，冰淇淋圣代在当时也是他的最爱。

你可以与女儿约定一个无声的信号，这样她就能在意外情况发生之前悄悄地向你表达想去厕所的想法。如果她使用了这个信号，你就应该奖励她。

对自闭症儿童来说，开始如厕训练应当比正常发展的儿童稍晚一些。因为对于中度到重度的特殊儿童来说,心智年龄在 18—24 个月的时候进行如厕训练效果更佳。

——Bryna Siegel, *Helping Children with Autism Learn*

❤

如果孩子有夜间尿床的问题,就需要提高去厕所的频率。把闹铃间隔设置为一两个小时,即使她看起来不需要去厕所,也要把她带到厕所。当她晚上不再尿床时,可以适当延长她去厕所的时间间隔,直到她能够坚持一整夜。不要因偶尔的倒退而气馁,她最终会做到的。

❤

一些药物,如利培酮,有影响排尿控制的副作用。请检查药物及它们的副作用。

——Lynette Louise, MS, Board certified in Neurofeedback by BCIA, NTCB

❤

一些孩子可能要用易溶于水的纸巾来进行如厕后的清理,以避免弄脏衣服。因此你可以买小包装的纸巾,适合放在手提袋或背包里的那种,便于携带。

——*Autistic Spectrum Disorders: Understanding the Diagnosis & Getting Help by Mitzi Waltz*. Published by O'Reilly media, Inc. Copyright © 2002 Mitzi Waltz. All rights reserved. Used with permission. http://oreilly.com/medical/autism/news/tips_life.html

❤

孩子在家可以正确使用厕所,但在学校拒绝用厕所,这种情况比较常见。这可能是因为他们在学校没有认出厕所。来自比利时的Hilde De Clercq 发现，自闭症儿童可能会用一个小而不相关的细节识别一个物体。举一个例子，一位自闭症男孩只用家中带有黑色坐垫的马桶，他的父母和老师设法用黑色胶带贴住了学校的白色马桶。然后他们再慢慢拆除胶带，带着白色座垫的马桶也被男孩视作马桶使用了。

——Temple Grandin，PhD，author of *Thinking in Pictures and The Way I See It*，www.autism.com/ind_teaching_tips.asp

♥

如果夜间尿床仍然是一个问题，就需要排除过敏性尿床，你可以咨询有儿童自闭症治疗经验的胃肠病专家，因为尿床也可能是肠胃失调的症状。

洗澡技巧

我女儿的中学老师用一首关于淋浴的曲子录制了一盘磁带，歌词大概是"这是我们在洗脚（洗头、洗脸……）"。洗澡时听这盘磁带，我的女儿可以根据提示清洗身体的各个部位。

♥

我的一个女儿经常会先把洗发水倒在手上，之后再拧瓶盖，这时她手上的洗发水就都被水冲掉了。如果有此类情况，那么购买洗发水分配器会比较方便。

父母在与自闭症的较量中有一个强大的武器——水。浴缸、淋浴或游泳池是减缓压力的好地方,它们能够促进社会交往,补偿失调的运动系统,促进感觉统合。

——Andrea Salzman,"Aquatic Therapy,"
Cutting-Edge Therapies for Autism

◆

晚上洗澡的时候,如果孩子总是不停地哭闹,你可以试试这个方法:先用一条毛巾裹住孩子并把奶瓶递给她,然后抱着孩子洗个热水澡。让父母先在浴缸准备就绪,再把孩子交给父母是最好不过了。襁褓、适宜的水温以及摇篮,都可以让孩子平静下来。孩子会因此顺利地好转。随着时间的推移,这些支持物可以被拿掉,孩子也会发生戏剧化的转变。

——Andrea Salzman,"Aquatic Therapy,"
Cutting-Edge Therapies for Autism

以下小贴士节选自 *Autism Spectrum Disorders*,*Understanding the Diagnosis & Getting Help* by Mitzi Waltz. Published by O'Reilly Media, Inc. Copyright © 2002 Mitzi Waltz. All rights reserved. Used with permission. http://oreilly.com/medical/autism/news/tips_life.html

◆

即便是对大一点的孩子来说,浴缸玩具、肥皂涂料、泡泡浴,或其他物品也都可能帮助你达到每周为孩子洗澡的目标。

每天给孩子洗澡是没有必要的，除非有特殊的医疗或卫生需要。你可以每天用毛巾给孩子擦拭身体，按照实际需求合理安排洗澡时间，每周一次或几次。淋浴软管灵活好用，非常适合用于为害怕淋浴的儿童清洗头发。

在家的口腔卫生

让刷牙成为孩子日常生活的一部分，坚持早晚各一次，即使再困难也要坚持。起初训练刷牙时，教孩子慢慢从 1 数到 10，让她知道该在什么时候结束，随后再逐渐增加时长直至孩子能够更好地清洁整个口腔。

——Ruby Gelman，DMD

水对于在饭后保持口腔清洁有很大的用处。饭后喝点水可显著减少咀嚼和吞咽食物留下的酸性物质，对于防止蛀牙很有效。

——Ruby Gelman，DMD

考虑到自闭症孩子的感知觉问题，可能很难找到一个她们能够接受的牙刷。幸运的是,现在我们有多种选择可以尝试,你可以选择用不同的软毛材料、不同的尺寸以及不同的震动频率的牙刷进行尝试。比如我们已经成功地使女儿们接受并使用了欧乐B牌(Oral-B)电动牙刷,它们很有意思也很好用。

在为孩子刷牙时,请尝试从不同的角度清洁口腔,这样不仅有用而且孩子也会感到很舒服。同样,请尝试使用不同的牙膏,根据孩子的喜好选择牙膏的味道和质地。

理发

以下小贴士节选自 *Autism Spectrum Disorders*, *Understanding the Diagnosis & Getting Help* by Mitzi Waltz. Published by O'Reilly Media, Inc. Copyright © 2002 Mitzi Waltz. All rights reserved. Used with permission. http://oreilly.com/medical/autism/news/tips_life.html

如果孩子在理发时会抓狂,那么能弄清楚原因是什么就可以消除那个触发点,这样你就可以在普通的理发店或美发沙龙里做出相应改进,完成为孩子理发的任务。

常见的问题和解决办法有：

● 如果孩子对理发店或发廊的气味很敏感，那就找一个老式理发店，这样可以避免闻到难闻的洗发水气味。你也可以买一个家庭理发工具包和无味的产品。你可以提前购买，并带到理发店，或者提前向理发店说明具体要求。

● 对刀或剪子发出的声音敏感(有些人可以容忍其中一个，但不能容忍另一个)。有一种老式的手工剃须刀，可以用来理发，但很难找到专业的理发师。如果周围太嘈杂，可以试试耳塞，或者用 ipad 播放孩子喜欢的歌曲。如果梳洗不是问题，可以让孩子留稍微长一点的头发，以减少理发的次数。

有些理发店的营业时间比较灵活，选在非忙碌时间段前往较合适。还有一些理发店会专门为儿童提供 DVD 播放器，让理发过程更加轻松。

个人卫生

身体气味：让孩子在睡觉前和起床后换上干净的内衣，这有助于孩子保持身体干净和避免异味。

Love's Baby Soft 是一款历史悠久的香水，现在仍然可以买到。

我允许女儿使用它,它可以帮助她们一整天保持清新的气味。它柔和的淡淡气味是适合且令人愉快的。

大多数自闭症女孩都不知道去了解卫生和健康方面的知识,但这是必须要强调的一个方面。未实施的原因可能是她们难以记住步骤,或者是缺乏执行计划的能力。

一些女孩会因为面料的感觉或衬衫上的图案而喜欢穿同样的衣服。随着年龄的增长,这是不可以的。你需要告诉她这些衣服应该在家里没有外人的时候穿。此外,你还需要为女儿选择一些舒服的、适合她年龄的、可以在外面穿的衣服。

找一个十几岁的同伴和你的女儿一起去购物。你可能自认为知道什么是酷或时髦,但同龄人对女孩们的穿着更加了解,知道你的女儿穿什么更好看。同时,鼓励她与同伴交往非常有帮助。

在女孩成长的早期就要让她养成良好的卫生习惯,并应不断对良好习惯进行强化。你应该向女儿解释为什么良好的卫生习惯非常重要(用符合其能力水平编写的社交故事解释,她更容易理解),主要有健康原因(我们需要这样做才能保持健康)和社会原因(为了交朋友,我们需要保持清洁)。

利用视觉支持(包括建立模型)是最有效的策略。如教孩子剃腿毛,可以在浴缸旁边附上一张卡片,详细说明每个步骤的做法(根据她的需要),针对她容易忘记的步骤做特别提醒,同时附上相应的图片。

——Shana Nichols, Gina Marie Moravcik,

and Samara Pulver Tetenbaum,

Girls Growing Up on the Autism Spectrum

许多自闭症女孩会认为在她们的外表上花费金钱和时间是不合理和愚蠢的。但如果是工作需要,她们会更乐意把时间和金钱用在打理外表上。

——Rudy Simone, *Aspergirls*

穿衣

以下小贴士节选自 *Autism Spectrum Disorders*, *Understanding the Diagnosis & Getting Help* by Mitzi Waltz. Published by O'Reilly Media, Inc. Copyright © 2002 Mitzi Waltz. All rights reserved. Used with permission. http://oreilly.com/medical/autism/news/tips_life.html

- 如何对待一有机会就会脱掉衣服的孩子?首先你得找出原因。最常见的原因是感官敏感,所以在你和职业治疗师第一次交谈时就要与其讨论形成一个关于感觉统合治疗的方案。与此同时，看看你怎样才能让衣服更加舒适。具备语言能力的孩子可能会解释不喜欢穿衣服的原因，常见的问题包括磨损、发痒的面料、"新衣服"的气味和恼人的标签。那些不能忍受腰带的孩子可以经常穿宽松的裤子，尤其是面料柔软的裤子，比如运动裤。一些自闭症儿童只能穿连体衣，这样附带的好处是很难被脱掉。

● 对于穿尿布的孩子来说，尿布本身可能就是问题所在。请检查孩子是否有尿布疹（顺便说一下，尿布疹可能是由皮肤上的酵母菌感染引起的）。尝试不同类型、不同品牌的尿布以及更大号的尿布，确保孩子不会出现腰部和腿部不舒服的问题。

● 尿布或训练裤、运动裤、工装裤（特别是内缝带扣子的）、工作服和连体衣都很好用。有些父母每天早上都要缝裤带，或者用更复杂的东西代替易开的扣件。为了帮助较大的儿童打开有内缝的工装裤和工作服，可以沿裆部加几个不显眼的卡扣或尼龙扣，以便孩子不用完全脱去衣服就可以洗漱。

● 衬衫和连衣裙背后的纽扣也很难解开。

● 搜索为特殊儿童提供服装的目录。这些目录中的许多衣服特别适合有洗漱困难的大孩子，也适合肢体障碍的孩子。

● 许多有感觉障碍的人更喜欢柔软的面料，比如棉布或毛线织物而不是像牛仔布那样的硬布。如果你的孩子也是这样，那就带她去购买柔软的织物。在穿新衣服之前先洗几次，这样可以去除僵硬的感觉和任何不熟悉的气味（也有一些孩子抱怨柔软的织物摸起来感觉"像有灰尘"）。

● 如果孩子对衣服突然感到厌恶，那你需要确定一下是不是因为更换了洗涤剂或织物柔软剂,这个问题或许是嗅觉敏感问题。

- 如果需要,可以把衣服里面的标签取掉。
- 买二手衣服是一个既省钱又能减少麻烦的解决办法。这些经常柔软的衣服本身可能已经不错了,但仍需要多清洗几次以去除一些不好的气味。

这是一个"胸罩指南",你可以用它来为女儿准备胸罩直至她穿成人胸罩:

宽松背心或小背心;

合身的背心或贴身背心(例如,带有内垫的胸罩);

训练胸罩;

运动胸罩;

软杯胸罩;

塑形胸罩。

——Shana Nichols, Gina Marie Moravcik,

and Samara Pulver Tetenbaum,

Girls Growing Up on the Autism Spectrum

青春期

对于不喜欢改变的女孩来说,当她们看到自己的身体开始变化和成长,会感到不安,因为这使她们意识到自己无法控制自己的身体。父母应该向女儿解释人体的变化,同时展示家庭成员在婴儿、儿童、青少年时的照片,让她们知道青春期和成长是会发生在每个人身上的必然事件。

❤

确保女儿知道身体部位的正确名称(如乳房、阴道),同时也要教她一些她可能会从其他人那里听到的同义词(如胸部)。

❤

向女儿解释,好与坏的感觉是成人身体变化的一部分。对逻辑和事实感兴趣的女孩可能有兴趣在日历上记录自己的情绪,父母需要观察女儿的情绪是否存在与月经周期一致的周期性表现。

❤

有什么能帮助青春期女孩的好方法吗?当她们情绪低落时(存在抑郁的风险),父母可以做一些让她们开心的事,比如让她们参与喜欢的活动、听音乐。

请向孩子解释不同性别的不同变化(例如,男孩不会生长乳房,但女孩会),男孩和女孩都需要。解释毛发只会在某些地方生长(孩子可能会认为人的整个身体最终会像狼人一样被毛发覆盖),对女性而言,除头发之外,其他的毛发只生长在腋下和阴部,而男性身上其他的毛发只生长在腋下、阴部、胸部、脸和下巴。

❤

当女儿进入青春期时,你需要带她去医院,进行所有必要的检查和评估,以确保她所有的身体器官都在正常成长,这是必要的(对任何青少年来说都是这样的)。

♥

四分之一的自闭症青少年在这个时期有癫痫发作的危险,这可能是体内荷尔蒙的变化引起的。癫痫发作时孩子可能会出现惊厥,而其他方面的表现并不突出,通过简单的观察不能发现。

♥

当女孩进入青春期,开始表现出更多不符合常理的行为时,许多父母会误认为孩子的自闭症症状越来越严重了!实际上,青少年不遵守常规是正常的。在这一点上,父母需要给他们更多的选择空间,让他们有机会表达自己,而在一定的限度内对她一天中的某些方面加大管理力度。

♥

包括自闭症在内的神经发育障碍儿童,其性早熟的比例要比正常儿童高约 20 倍。

♥

重要的是,在女孩进入青春期之前,需要教她们认识身体的变化。教她们认识发生在男孩身体上的和自己身体上的变化非常重要。不然,她们可能会对男同学身上的变化感到惊讶,不明白为什么一段时间(如暑假)后,他们会看起来和之前不同。

♥

通常女孩会比男孩更早进入青春期,在 8—9 岁时,女孩身体的整体形态开始变化,主要是乳房和臀部开始发育。通常在 10 岁或 11 岁时开始长阴毛,女孩的第一个生理周期可能在 11—12 岁之间。当然，女孩的发育速度不同，具体时间很难精确地预测。

青春期对自闭症女孩来说可能是一个艰难的时期，因为她们通常喜欢可预测性和常规的事物，且很难接受改变。许多孩子都会经历这个难熬的阶段，她们的身体在不断地成长和变化，而她们却无法阻止。

毒品和酒精：含酒精的饮料和毒品会对孩子的成长产生不利影响，必须帮助女儿意识到这些东西的危害。如果女儿非常遵守规则，你可以试着告诉她毒品和酒精是非法的。

——www.yourlittleprofessor.com/teen2.html

为女儿安排第一次盆腔检查，让她和你（或其他家庭成员）一起去。检查前你需要把所有检查项目列出，向女儿解释其中所包含的检查，或者为女儿创作一个图片故事进行解释。

——Shana Nichols, Gina Marie Moravcik,
and Samara Pulver Tetenbaum,
Girls Growing Up on the Autism Spectrum

受雌性激素的影响，青春期的女孩易情绪不稳定甚至喜怒无常。这个时候要考虑其他社会情感目标的培养，包括培养女儿识别各种情绪、识别压力的表现、利用压力管理工具保持冷静等。

——Lori Ernsperger, PhD, and Danielle Wendel,
Girls Under the Umbrella of Autism Spectrum Disorders

生理周期

你们中有多少人会直接翻到这一部分呢？对父母们来说，生理周期是会引起恐慌的。在所有的类似于里程碑式的重要事件中，女孩都有可能会错过，但她们必须经历这个，这是为什么呢？出现女性的特征标志着时间正从我们身边溜走，而女孩们在慢慢长大。生理周期的出现意味着怀孕的可能性，而怀孕则意味着性。

一些女性可能会和伴侣一起体验过充满爱意的性生活，还有一些人可能永远不知道性的亲密和乐趣。这一时期的所有这些思考都集中在了父母身上。对于父母的恐惧，我无能为力，但是下面的建议可以帮助父母做一些准备。

我的女儿们分别在 9 岁半、11 岁和 13 岁时来了月经，我给她们用的是卫生巾（那个时候只有卫生巾）。一年夏天，当我在翻看"我们能去游泳吗？"的日程表时，我的好朋友问我，为什么不给她们使用卫生棉条，我解释说，在我女儿世界里有一个安全的原则——什么都不能进入她们的身体。我的朋友立刻明白了，她很惊讶地说："我从来没想过这一点。"

生理周期使自闭症女孩们的身体陷入混乱。一些"亚斯伯格女孩"（aspergirls）直到青春期才真正表现出明显的自闭症症状。在此之前，似乎有一些征兆，但当青春期来临时就完全不一样了，自闭症的薄弱之处显现无疑。

——Rudy Simone，*Aspergirls*

♥

不是所有的女孩都能正确认识自己的身体或具备自我管理生理周期的能力，但是通过尽可能多的训练，许多女孩可以实现相应目标甚至超过预期，这对提高她们的独立性很重要。

♥

用简单的术语、社会故事或图片向女儿解释身体发生的变化。在生理周期出现前向她们做出合理的解释，在月经发生时她们就不会感到惊讶。一般而言孩子到四年级是开始这种谈话的好时机，可以向孩子解释什么是生理周期、它们存在的意义是什么、它们多久来一次以及应该做些什么。

♥

在讨论生理周期时，最好能够实事求是。即便是对没有语言能力的孩子，我们也要做到既能了解她的需求，又能多方面浏览信息以帮助她。

♥

如果女儿有感知觉问题，可以在生理周期之前让她练习使用卫生巾，帮助她应对身体感觉的变化。孩子刚开始可能需要短时间使用，习惯使用卫生巾后再慢慢增加时间，这样生理周期时她就不会对处理卫生巾和流血有陌生感了。

♥

告诉孩子，生理周期和腹部绞痛是"私人"话题，是私下才能谈论的事情，可以在家里和家人谈论，但不能在公共场合谈论（如午餐时间在学校食堂就不能）。

创建一组图片,向孩子逐步说明如何更换卫生巾,这对许多自闭症女孩是很有帮助的。在生理周期到来前,教孩子按步骤练习,有助于帮助孩子消除紧张。

在学校,女孩可以带着卫生间活页夹(连同必要的卫生巾)进卫生间,它可以提醒孩子正确的操作步骤,包括洗手在内所有主要环节。

女孩们需要接受生理周期教育,清楚自己会定期流血这一事实。否则,她们会认为第一个生理周期的出现是错误的。

一位自闭症女孩的母亲分享了如何教女儿学会正确地放置卫生巾的经验。她在女儿内裤上画了一个卫生巾的轮廓,女儿可以自己把卫生巾放在其中。正确使用卫生巾可以避免意外情况的发生。

——Bonnie Waring,LMSW

用迷你卫生巾代替内裤式尿布,告诉孩子如何做一个大姑娘。让孩子走进你的生活,熟悉你怎么放置卫生巾、怎样清洁自己的身体,如何处理。女儿渐渐长大,要用符合其年龄特点的方式和她说话,以利于她理解。要记住,即使她能理解你所说的,你仍然需要不断地重复。

——Lynette Louise,MS,Board certified in Neurofeedback by BCIA,NTCB

♥

当看到女儿乳房发育或腋下出现毛发时,就让她用最薄的卫生巾练习。她需要习惯卫生巾的感觉,在第一个生理期之前,就开始让她练习干净利落地放置和替换卫生巾。提前教授所需要的技能,可以减少给母亲和女儿双方带来的压力。这一技能也要教授给父亲,因为当母亲不在的时候,父亲也应该知道如何帮助女儿。

♥

用生殖系统图向孩子说明卵子是如何从卵巢释放,之后沿着输卵管向下,最终落在子宫壁上的。你可以用红色的蜡笔标出,当卵子靠近子宫时,子宫内膜会变得越来越厚。

——Shana Nichols, Gina Marie Moravcik,
and Samara Pulver Tetenbaum,
Girls Growing Up on the Autism Spectrum

♥

制作一本社会故事书,让孩子经常阅读。为女儿编一个故事,解释发生了什么及其原因。做一个"生理周期盒"放在她的房间里,并装入卫生巾、止痛药和纸巾,在生理周期时她就可以直接从盒子中找到想要的物品。如果可能的话,可以庆祝这一"典礼",试着使情况积极化而不是消极化。

——Kathy Hudson, Mom to Abby

♥

在每个卫生间、车里都准备一些女性卫生用品,以备孩子在生理期突然到来时用。在刚开始的时候,生理期是不规律和不可预测的。

自慰

如果女儿经常摩擦阴道周围,那么她有可能是在试着自慰,也有可能是由细菌感染引起的瘙痒。父母需要带女儿到医院进行必要的检查,排除任何医疗卫生方面的问题。

自慰对青少年而言很正常。大多数青少年都知道自慰是私密性的,但自闭症女孩并非如此。父母需要教会青春期女儿关于私人和公共的概念,让她知道自慰是私人活动,而不是公共活动。

♥

不论年龄和性别,孩子一旦出现触摸身体敏感部位的行为,都应立即处理。要就事论事地说:"触摸生殖器(或外阴)是私下里做的事,请等到晚上上床后。"如果父母对这件事态度含糊,孩子可能会更加无所适从。想要有好的效果,父母就要明确和无偏见地给予孩子指导。

——Lynette Louise,MS,Board certified in Neurofeedback by BCIA,NTCB

性和性教育

不要害怕和自闭症孩子谈论性和性行为,他们同样具有人的基本需求。如果处理不好,会导致孩子出现混乱和不恰当的行为,甚至会给孩子带来身体和情感方面的伤害。由父母或照顾者来提供性教育的信息是最好的。

——Dr. Mary Jo Lang

十几岁的女孩身体发育已经成熟，社交和情感上发展的延迟并不妨碍她拥有交往的意愿。父母可以开诚布公地与老师、护理人员乃至地方当局沟通，了解孩子的哪些方面正在发展中，并且告诉他们你正在教的内容，这样可以避免因孩子出现不恰当的公共行为而产生社会与法律问题。

尽早教女儿了解基本的性知识：什么是性、什么行为是可接受的、什么时候能接受等。告诉女儿关于界限的一些知识：我们的身体的界限以及与他人互动的界限。

学校提供的性教育课是针对主流群体的，你的孩子可能听见了全部信息，但是她不会结合自身情况理解信息，也不能意识到那些信息的意义。这就意味着，作为父母，你需要验证她是否理解这些信息与她的关系。

对孩子的教育要强调自我保护，要鼓励自闭症儿童和青少年说"不"，并教他们避开那些试图利用他们的人。据报道，特殊儿童遭受性虐待的概率是普通人的 2.2 倍，这使得自我保护成为他们发展中的重要问题。

——Dr. Mary Jo Lang

第 8 章

安　全

人身安全

让孩子知道"私人"的概念，帮助她们掌握重要的私人与公共行为规则。随着孩子年龄的增长，需要经常与孩子讨论这个话题，从而帮助孩子掌握人身安全规则。在家里要教孩子知道自己的卧室是私人空间，可以脱衣服，其他区域是公共区域（如客厅、厨房等），必须穿戴整齐。如果有需要，可以使用图片和图标。

♥

无论什么类型的自闭症女孩，都需要知道什么是性侵害。无言语儿童和青少年遭受性侵害以及身体虐待的风险很高，因为施暴者认为她们无法说出发生的事情。当被集中安排在教室或宿地时，施暴者往往会找到她们。

♥

高功能自闭症女孩遭受性侵害的风险也很高，因为她们不明白人们的意图（例如：注意到非言语的暗示）。这就是为什么让她们知道什么是性行为，什么是适当的和不适当的是如此重要了。

♥

对女孩来说安全很重要，她需要辨认出自己的身体部位，什么部位别人可以触碰，什么部位别人不能触碰。至关重要的是，当女孩身体的禁区被触碰时，孩子要能表达出来。身体的禁区通常是被泳衣遮盖的区域。

教女孩如何断然地说"不",并说到做到。对于几乎没有语言能力的孩子,需要教会她们如何清楚地表达不希望对方靠近的想法。

女孩子需要知道什么是性,性行为包括哪些。患有亚斯伯格综合征和高功能自闭症女孩更容易受到伤害,因为她们容易轻信别人。但是如果她们知道什么是性行为(包括口交),她们就会知道什么是合适的什么是不合适的,也就不太可能受到伤害了。

居家安全

炉子有着很大的安全隐患。孩子本来就有强烈的好奇心,加之当孩子个头超过炉子时,小的塑料护盾已没什么用。市场上有大概400美元的炉子保护机器,需要输入密码,虽然价格贵但安全系数高。这不见得适合每一个人,但若孩子有过危险的经历,这会是值得的。

——Candi Summers,Autism & Parenting Examiner,examiner.com,http://exm.nr/9sfVh8

针对常常偷吃的孩子,可以在冰箱门上或者在橱柜上安装一个挂锁,也可以把药品和清洁用品放在一个用密码锁锁着的柜子里。

——Candi Summers,Autism & Parenting Examiner,examiner.com,http://exm.nr/9sfVh8

预防逃跑的措施

以下小贴士节选自 *Autistic Spectrum Disorders*，*Understanding the Diagnosis & Getting Help* by Mitzi waltz. Published by O'Reilly media，Inc. Copyright © 2002 Mitzi waltz. All rights reserved. Used with permission. http://oreilly.com/medical/autism/news/tips_life.html

❤

如果孩子出走常常困扰你，请考虑使用专业安全顾问服务。你可以寻求官方或私人心理健康机构的帮助。没几个人想把自己的家变成堡垒，但考虑到生命安全，这也是最好的办法。

❤

双重或三重螺栓安全门更不容易被打开。一些锁有内部解锁装置，虽然昂贵但很难打开，可以考虑使用。有时候也可以把钥匙藏起来。按照消防法规定，需要在火灾中确保有外部锁的钥匙，它应该被放在消防箱内固定的地方或最近的消防站。

❤

在一些门或窗口装上报警装置，当有人接近就会发出警报。另一些类型的装置只有在门或窗打开时才发出声音。应根据孩子的反应速度选择，但后者给你的反应时间可能会不够。

❤

在一些城市，当地警方对残疾人的需要和特殊问题十分重视。警方可能会提供如何保障子女或成年病人安全的材料,无论他们是在家中、机构或团体,还是在社区中生活。有些地方还开设专门的学习班,教授残疾成年人自卫技能。

少数警局会对具有危及自身行为或可能会被误解为具有威胁性行为的残疾人进行备案。如果孩子动不动就逃跑,毫不知情的旁观者会以为是醉酒或吸毒,孩子在害怕的时候还会使用恐吓的语言、手势,还可能轻信陌生人,一旦出现这些情况就可以利用这个服务寻找孩子。

给自闭症患者带一个手镯或项链,上面标明家庭电话号码、紧急医疗联系号码,或者一个可以联系到诊断服务的电话号码。标签上的信息还可能包括:
- 非言语沟通;
- 语言障碍;
- 多种药物;
- 药物包括……(清单);
- 癫痫(或其他身体状况)。

一般市民,甚至一些安全专员,可能没说听过"自闭症",更不大可能知道自闭谱系障碍(Autistic Spectrum Disorder,ASD)或广泛性发育障碍(Pervasive Developmental Disorder,PDD)意味着什么。

目前已有一些令人欣喜的项目,比如紧急救助项目(Project

lifesaver，www. projectlifesaver. org）。紧急救助项目已经被广泛应用于阿尔茨海默症患者，不过现在已发展到可以满足其他患者的需要，包括自闭症、唐氏综合征、创伤性脑损伤等。符合条件者如参加该项目，会得到一个能发射特定频率的跟踪装置，类似于一个手镯。救助人员能从几英里之外的设备上进行跟踪。如果孩子有过从家里或公共场所走失的情况，或者你有此担心，就应当联系你的社区看看是否有这种项目。一般而言，所在社区都会有名额，如果符合条件，不妨一试。

——Tim Tucker, "Practical ideas for Protecting autistic Children before They Disappear," www. bothhandsandaflashlight. com/2010/04/16/practical-ideas-for-protecting-autistic-children-before-they-disappear/

♥

向邻居说明孩子的特殊需要，尤其是常常出走的孩子，要提供照片和联系信息给邻居，在关键时刻，这可能会是救命稻草。

♥

使用警报系统、锁死门窗是确保住所安全的必要条件，这对于常常出走的孩子来说尤其重要。

♥

游泳不仅是一个很好的锻炼项目，也是安全技能之一。自闭症孩子通常很喜欢水和有关水的运动，在这一过程中可以顺便让孩子学习一些与安全有关的课程。

♥

如果你家有个喜欢出走的孩子,你就得了解附近有什么地方会吸引孩子,这可能是他们的目的地。最好经常带他们去这些地方,以减少孩子对它们的迷恋。

而对于婴儿来说,一个对讲系统或一个监控摄像头就可以提供一定的安全保障,帮助你将宝宝安置在她自己的房间。

♥

智能手机或其他设备也能帮助跟踪常常出走的自闭症儿童。父母需要学习使用GPS功能!

♥

内部警告:最重要的是在第一时间阻止孩子出走,一切都取决于此。你可以建立多层次"防御"系统以防止孩子出走。如果不能阻止孩子离开家,拖慢孩子逃跑的速度可能可以为你争取些时间。如果孩子半夜起床并四处游荡,你可以安装一个装置,让他们在一个固定区域内活动,当他们离开那个区域这个装置就会通知你,不过其他来访者是不能知道如何打开的。当然,这些装置对大一点的孩子可能不起作用。有一些父母会把孩子锁在卧室,但这可能存在潜在的火灾隐患,所以要慎重考虑是否可行。

——Tim Tucker,"Practical ideas for Protecting autistic Children before They Disappear,"

www. bothhandsandaflashlight. com/2010/04/16/practicalideas-for-protecting-autistic-children-before-they-disappear/

用车安全

以下小贴士节选自 Tim Tucker 的 "Practical ideas for Protecting autistic Children before They Disappear," www.bothhandsandaflashlight.com/2010/04/16/practical-ideas-for-protecting-autistic-children-before-they-disappear/。

对我们来说,年幼的孩子从汽车座位上挣脱出来可能是令我们最头痛的问题之一了。如果孩子使用的是五点式安全带,可以先扣上所有的扣子,然后把扣子翻转过来让按钮朝下,这样做不会影响安全性。如果孩子使用的是普通安全带,请准备一个盖子,扣住按钮以免孩子触碰。

请始终启用车辆后车门上的儿童锁。如果成年乘客坐在后座并为此抱怨,可以让他们下车自己走回家。

第 9 章

冒 险

外出就餐

你的孩子外出时可能会遇到麻烦。对自闭症一无所知的人,可能会对你的育儿方式和孩子发表评论。你可以置之不理,但有时解释也是必要的。你可以说:"对不起,她有自闭症。你有事吗?"这个回应及时而有效。

尽量早去或晚去餐馆,以避开就餐高峰。你当然最不希望看见孩子在就餐前情绪失控!但如果不巧发生了这样的情况,你可以试着安慰其他人,你会发现其实他们是乐于助人的,同时他们还有其他的选择。

如果可以,请选择坐在餐厅外面的座位——这样便于清理与活动。

确保餐厅可以满足孩子的任何饮食需要,其实这并不是件容易的事情。你可以提前在谷歌上搜索菜单,然后打电话确认食物的主要成分以及加工流程,提防过敏,确保食物中没有添加味精。

找一个适合孩子的好地方,成为那里的常客。这样以后你就可以打电话提前预约,并提出特殊要求。

用餐的时候,告诉每个服务员孩子是自闭症,这将有助于他们理解孩子,你也能够放松。

你一定要知道，外出就餐也是孩子练习技能的好机会。教女儿学会表达想要什么（比如："我要热的汉堡。""我要薯条，谢谢。""我要旁边的沙拉酱。""我想要不加冰的水。"），这是一种轻松地让她学会表达自己需求的方式，也会使她意识到她的需求受到了尊重。随着年龄的增长，她会逐渐地学会表达自己的需求。那些没有语言能力的自闭症孩子也可以通过使用辅助技术来做到这一点。

度假旅游

我们全家曾经有过一次度假。2000年的时候，我们兑换了我们的万豪积分，前往奥兰多的迪士尼玩。Mia走失了不是一次，而是两次！踏上2000英亩的土地以及第二次到达纽瓦克自由机场，我已早有准备。我准备好了一切，给每个女儿都准备了一份"如果迷路了"的表格，我处于高度警戒状态，然而，Mia还是在混乱和缺乏秩序的情况之下溜走了。如果你的孩子像Mia一样，我建议除了做好安全措施外，最好在她的衣服、运动鞋或衬衫上贴好二维码。请前往www.ifineedhelp.com网站查找相关的产品和信息。

乘坐飞机的时候，请提前咨询医生、治疗师或老师，并给航空公司写信，告知孩子的医学诊断结果和问题行为，这样可以减少等待航班起飞的时间。最好把写好的信交给服务人员，不要在他们面前谈论孩子的情况，尤其是在飞机上的时候。

——Julie Fishselson Mahan，MSW，LSW

Chantal Sicile-Kira（www. chantalsicile-kira. com）提供了以下关于旅行的小贴士：

对于自闭谱系障碍人士来说，行为习惯的转换往往很难，而旅行则涉及一系列行为习惯的转换。因此父母需要尽可能多地为他们做准备，这将使同行的人有更愉快的体验。预先规划行程，可以让旅行更轻松。

把自闭症孩子留在一个陌生地方可能会让孩子感到不安。如何为自闭症孩子做准备，取决于孩子的年龄和能力水平。

● 考虑个人的日常习惯以及她喜欢或需要的物品，记得带上它们，这样能使她感到更像在家里。饮食不方便的时候，自带食物和饮料将能够使她在旅途中保持愉快的心情。

● 买一些小的、便宜的玩具或书籍，以备旅途中用到（如果你丢失了它们，也不会是世界的末日）。如果她只喜欢玩某一个东西，试着找到一个替代物，看看能否在旅行之前让她适应新替代物。

● 在旅行前不要洗涤任何物品（包括毛绒玩具），因为自闭症孩子可能在她熟悉、喜欢的气味中会感到比较舒适。

● 安排一个月的日程，注明出发日期，并让孩子负责每天检查日期直到出发。旅行时请带上日历，并在日历上标记天数和返回日期。

● 把你将要乘坐的交通工具、拜访的人、住宿的地方、到达的目的地及需完成的任务做成"旅行书"放在一起。跟孩子一起准备，就像在旅行前准备一本故事书一样。最好使用活页,这样可以方便添加附页或插上前面提到的旅行日历。

● 用图片或文字进行旅程安排。在旅行日历中添加附页,按照顺序添加记事贴、附加图片或文字。例如,用一组图片代表乘坐汽车到机场、通过安检及登上飞机等,每张图片包含了不同行程中的中转和里程数。每当你完成一步,就准备一个空的信封,用来收纳"完成"的图片。

● 条件允许的话,在较长的旅行之前先尝试短途旅行,这将有助于自闭症孩子适应旅行。此外,你还可以使用旅游预订系统,它可以帮助你对任何未来即将发生的事情有所掌控。

你需要为可能出现的困难提前作好准备,以适应不同的环境和交通方式。大多数旅游公司都愿意为客人提供便利。

● 入住酒店前,最好打电话询问有没有单人间。如果孩子在酒店的公共场合出现问题行为,你最好解释一下。就像是在朋友或亲戚家一样,如果孩子赤裸裸地穿过房间,在场的每个人都会感觉很尴尬。

● 如果乘飞机旅行,请尽可能提前致电航空公司,告知对方你将与有特殊需求的人一起旅行。某些航空公司有"特别援助协调员",最好说明孩子的需求和一些可能影响到其他旅客的行为,比如在座位上来回晃动。如果需要将孩子和行李送到机场,或在旅行期间换乘飞机,请提前致电并预约轮椅服务。即使孩子不需要轮椅,也要保证有人帮助你。请求轮椅服务时,你可能需要说明一下孩子是自闭症。比如,我以前曾经这样解释:我儿子患有自闭症,难以顺利前行,需要帮助才能赶上飞机。

● 自闭谱系障碍人士应随时携带身份证件。你要确保她的身份证上附有身份标签,并在上面写上最新的电话号码。你也可以订购医疗手镯、项链或将标签附在她的鞋带上。此外，也可以使用近期照片、日期和电话号码来定制身份证。无论什么形式，身份证上一定要有重要的信息，如过敏症和药物以及其他特殊的信息（例如，无言语能力）。

● 成人乘客（18岁以上）必须出示美国联邦或州政府颁发的带照片的身份证件，上面包含以下信息：姓名、出生日期、性别、有效期限，且具有防篡改功能，以便顺利通过安检并登机。其他可被接受的身份证明还包括：由机动车辆部门（或同等机构）颁发的驾驶执照或州签署的照片身份证（在撰写本文时，所有州均已适用）。

第 10 章

假期、生日和礼物

关于假期生活的建议

对自闭症儿童及其家人来说,冬季假期和庆祝活动可能会面临以下困难:

- 商店里人声鼎沸,震耳欲聋的音乐可能会让感官加工有困难的孩子不知所措。
- 面对亲朋好友的拥抱或亲吻等社会需求,孩子可能会感到很难受。
- 喧闹嘈杂的晚餐时间,对孩子来说非常漫长。
- 许多孩子会被包装礼物的彩带和卷纸的颜色及材质所吸引,痴迷于此,玩个不停而不愿意打开礼物。
- 孩子们没有私人空间的概念,或者缺乏安全意识,会喜欢绕着房子跑来跑去,难免会打碎一些易碎物品。
- 亲朋好友会认为孩子们行为不端,并试图管教她们,并不知道当孩子们感官超负荷或者高度焦虑时,管教是徒劳的。
- 父母会感到无所适从,因为他们知道孩子无法满足亲戚和朋友的某种期望。

怎么办呢?不妨试试以下建议:

- 向亲朋好友说明孩子在人多嘈杂的环境中会出现一些问题。
- 让亲朋好友知道孩子并不是行为不端,而是不会处理这种情况。

- 向亲朋好友解释孩子的饮食习惯，从而让亲朋好友们在孩子不跟大家吃同样的食物时不要介意。
- 向亲朋好友请求寻找一个安静的房间，让孩子躲避喧嚣和嘈杂，得到暂时的休息。
- 给亲朋好友发一封简短的电子邮件，有礼貌地解释为什么孩子在假期会存在这样的问题，试图让他们站在孩子的角度理解孩子，如她为什么不穿连衣裙；为什么人越来越多时，她会想要逃离房间。

第11章

未来：18岁——我们要做些什么？

当你的女儿满 18 岁时，从法律上讲她已经是一个成人了，尽管她患有自闭症。你需要考虑的是该如何帮助她在财产、健康和日常的生活方面做出稳妥的决定。对一些家庭（不是全部家庭）来说，监护是必要的。即使你是父母，你也必须先成为孩子的合法监护人，这样你才能签署文件，为她做出法律决定。如果你的女儿患有阿斯伯格综合征，你可能需要律师来帮助她，同时还要保证她的自主权。咨询律师，并访问自闭症家庭服务网页，可以获得更多信息。以下是一些具体的建议：

- 监护是一种法律制度，是赋予某人的法律权利，代表某人可以为法院所认定的"无行为能力"的人做出决定，监护的领域为法院所指定。

- 有限的监护权：有限的监护权是指监护人只能在一些特定的领域做出决定，比如医疗护理。如果残疾人可以自己做出一些决定，就适用有限的监护权。

- 一般监护人：一般监护人有更广泛的决策权。比如对有重度智力残疾或精神疾病的人，即无法为自己做出重大决定的个体来说，采用一般监护人制度是适当的。

- 管理员：一位管理员负责管理一位残疾人的财务（收入和资产）。管理员没有权利替当事人作出医疗、教育等方面的决定。

来源：http://www.autismspeaks.org/family-services/tool-kits/transition-tool-kit/legal-matters。

第 11 章 未来：18 岁——我们要做些什么？

转衔计划

以下是提供给那些已经得到个别化教育计划和 504 计划服务的孩子们的父母的小贴士，改编自 Michelle Garcia 的获奖作品《从父母到成年》，socialthinking.com。

不要等孩子到了法定的入学年龄，才开始培养他们的独立性和责任感。当孩子们不愿意按照转衔计划去做更多的事情时，我们应该设定一个小目标和小奖励，让孩子按照小步子原则来完成。我们不应该过分专注于孩子的情绪，或者过分强调孩子应该说哪些话，而是应该仔细选择所使用的策略，巧妙地赞扬孩子，让孩子成为一个更有责任感的家庭成员。如果孩子们不愿意，就采取剥夺疗法（比如剥夺游戏机、手机和书等）。如果他们在大多数时间里并没有试图成为一个理性的家庭成员，而你选择屈服于他们狂风暴雨般的行径，就等于给你的家庭蒙上了阴影。

成人世界很难融入，因为孩子要面对每一个人，特别是当特殊教育团队试着为孩子的障碍提供相应服务时尤其如此。学业辅导团队同你所做的决定不能让孩子感到不舒服，也不能总是限制孩子做自己想做的事情。作为父母，应努力让孩子感到舒适。但我们必须确保孩子正在学习适应现实生活，这个世界不会总是提供"舒适"的选择。

解决问题是要找到让人痛苦最少的选择，而不是没有痛苦的选择。回避问题并不能解决问题！请向孩子说明："是的，你讨厌老师，但你必顺学会处理这个问题！否则有可能将来你也会讨厌老板！"父母最好不要干涉，尽量让孩子自己解决问题。人们总会倾向于代替残疾孩子解决问题，但是当她从学校毕业后，就需要自己解决许多难题。虽然仍有一些人会继续伸出援助之手，但在她20多岁的时候，社会要求会发生很大的变化。我们的孩子高中毕业后，需要自己做的事情会更多，因此父母最好提前为她们做好计划。

避免停息。向我咨询的父母曾表露他们多年承受煎熬已经精疲力尽了。请确保在孩子13—15岁时，开始慢慢做上述的准备工作。有些父母很乐意送孩子读高中，但是又不想让孩子读大学或者参加工作！子女成年后，社会要求已不同以往，再受父母驱动而行事是非常不妥的。毋庸置疑，如果你的孩子高中毕业还没有准备好独立生活，即使他们不想，他们也不得不以自己的方式应对越来越大的压力。

有些能力较强的人也可能需要更长的时间学习开车，因为他们面临着感觉处理和运动协调的挑战。最简单的部分往往是驾驶规则的学习。

获得一份工作

下面的小贴士来自 Denise Zangoglia："8 Top Tips-Planning for Life

after High School for Your Autistic Child", Epilepsy Moms.com, www.epilepsymoms.com/disease/autism/8-top-tips-planning-life-after-high-school-your-autistic-child.html。

确保你的孩子参加职业评估鉴定，获得一些初步的指导，从而学会专注于具体的而不是抽象的东西。如果学校已在做这件事，你必须参与其中并熟知整个过程。请做出自己的选择。一些机构，如职业康复、社会保障管理部或生活中心可以为学生提供培训或直接服务，协助学校的工作。法律规定地方公立学校应提供有关上述服务的信息，作为高中毕业后转衔计划的一部分。

学校应该有一个包括短期和长期目标在内的总体计划，以及实现这些目标所需的任务或活动。目标和活动将取决于每个儿童的需要、技能和个人喜好。父母可以通过分配一些家务或安排志愿者工作来帮助孩子，从而了解孩子是否想在一个结构化的或竞争性的环境中工作。高中毕业后的选择一般有：

- 职业训练；
- 社区互动与参与；
- 独立生活技能水平；
- 成人服务支持；
- 中学后教育；
- 成人与继续教育；
- 融合或者支持性的就业。

考虑孩子的优势和兴趣。不要忽视其他零碎的技能（这些优势和兴趣可能与其他技能没什么可比性),因为它们可以成为继续教育、就业和社会化的基础。这些零碎的技能包括音乐、数学、艺术、机械或空间技能、数学计算技能、运动成绩和计算机能力等。

❤

询问与职业相关的问题。父母、孩子、老师、兄弟姐妹和其他相关人是孩子生活中非常重要的人,他们都可以提供有价值的建议。下面列出了一系列基础问题,在询问过程中,其他相关问题也会出现。父母应在进行的过程中,把新出现的问题补充到清单中,从而实现为孩子做出最佳选择的目的。

- 孩子喜欢做什么?
- 孩子可以做什么?
- 需要进一步探索的是什么?
- 孩子需要获得哪些信息才能实现他们的目标?
- 学校是如何制订适合他们的教育计划的?四年制、社区、职业教育还是成人教育?
- 有哪些选择和服务可以用于了解就业和培训?
- 孩子要居住在哪里?
- 一份工作对孩子来说是支持性的还是有竞争性的?
- 孩子将怎样支持他们自己?
- 孩子将如何获得健康保险?
- 孩子会需要你的帮助和支持吗?(如果是这样的话,你可能需要一位专门处理特殊需要信托的律师)
- 孩子可以使用什么样的交通工具?

第11章 未来：18岁——我们要做些什么？

询问与社会交往相关的问题。高中毕业后的生活也必须考虑到孩子的社交活动。朋友、社区、归属感是社交活动中最重要的因素。

- 孩子有形成和培养友谊的能力吗？是否需要帮助和鼓励？
- 孩子是通过志愿者、运动、创意艺术或宗教信仰在社区中社交的吗？
- 孩子有没有业余爱好？他们是否参与了骑马项目、音乐节目或俱乐部，是否与其他人分享其兴趣活动？
- 孩子在哪里参加社交活动？例如：合唱团、运动/团队的记录/统计、宗教信仰活动、高级中心参与、消防部门志愿者助手。

采取行动。任何事情都一样，只规划是不够的，后续的行动是成功的关键。如果孩子特别擅长数学或计算机，你就要看看你能否为他们安排一份数据服务工作。让孩子学习适应办公室的环境和工作程序，如根据工作任务列表打卡或准时上班。确保孩子在工作场所能够坐上一定的时间。

先让孩子适应一个模拟的工作环境，可以将家庭或家庭办公室的一部分作为实践工作环境，提供必要的技术、家具，如办公桌、符合人体工程学的椅子，以及孩子喜欢的、会让孩子感到舒适的物品的照片。

包装公司对精确性和时间意识有要求，制服服务公司对分类和清洗有要求，美国通信部门通过提供复印、折叠、密封和邮寄时事通信等职位来提供支持。及时地、有条理地完成任务是多种职位的基本的技能要求。

重要的是，高功能自闭症患者和阿斯伯格综合征患者需要选择一

个有助于未来找工作的大学专业。计算机科学是一个不错的选择,因为许多最好的程序员似乎都有阿斯伯格综合征或类似的某些特质。其他如会计、工程、图书馆学和艺术(重点是商业艺术和文本设计)都是不错的专业。应该避免修读历史、政治科学、商业、英语或数学。当然,孩子若能在主修图书馆学的时候辅修历史,会更容易得到一份好工作。

——Temple Grandin, PhD, author of

Thinking in Pictures and The Way I See It,

www.autism.com/ind_choosing_job.asp

阿斯伯格综合征或自闭症要擅长于一个专业领域,以弥补社会技能的不足。这样的话即使社会技能比较差,人们还是愿意为他们的技能买单。因此将你的工作整理归纳分类是非常重要的。你需要学习一些社会生存技能,与一起工作的人谈论共同的兴趣,我的社交生活几乎都是与工作有关的,我和与我志趣相投的人交朋友。

——Temple Grandin, PhD, author of

Thinking in Pictures and The Way I See It,

www.autism.com/ind_choosing_job.asp

上大学

下面的小贴士由 Lars Perner 博士提出。(www.aspergerssynd

rome.org）

选择一所大学

● 社区学院可能比其他大学更有吸引力，因为社区学院（community college）在某些情况下可能更有用。

● Temple Grandin——我们很多人心目中的英雄！——针对有特殊兴趣或希望在某些科目上取得更大进步的高中生提出了非常有见地的建议，即在学年及暑假期间修读社区学院的课程，如果学生通过这种方式熟悉社区学院，那么转衔可能会更顺利。同时，社区学院的位置方便，学生可以住在家里，或者住得离家近一些。

● 社区学院和四年制大学的教学质量会有差异，但实际的学习是否会受到影响还很难说。在社区学院，学生可能会得到更多的关注，而在研究性的大学却未必如此，大一和大二学生会被聚在一个可容纳400人的大厅里上课。

● 另一种选择是考虑参与一个技术项目或者去贸易学校，而不是接受传统的大学教育，这样学生能够有机会更明确地关注他们自己的兴趣。

● 许多私立大学虽然提供小班额教学，也更多地关注个人，但价格太贵。

● 一些公立、教学型的大学可能会是一个好的选择。我很幸运去了加州州立理工大学，它为我提供了优质的教育。咨询师可以在一个距离家庭较近的范围内提供一些良好的、具有可行性的建议。

获得所需的服务

● 自闭症个体要获得发展需要不同的帮助和服务，因此大学也要为他们提供不同的课程。

● 如果学校有满足住宿需求的条件，问题就应当是学生应该向他或她的教授提出多少要求，要求什么。答案会根据个人情况和学生对隐私的要求而有所不同。理论上，《美国残疾人法》要求教育机构和雇主为残疾人提供"合理的便利"。然而在实践中，这一法案被描述为"缺少牙齿"，它的具体授权极不清晰。许多大学明确规定对住宿的特别要求必须向残疾学生服务办公室提出申请，而不是直接向教授申请。不同类型的学校可能会对这些要求产生不同的反应。小型文科学院的教师可能比大型研究机构的教师更乐于接受学生的要求。而在大型机构中，这些要求更有可能被认为会对研究产生阻碍。

● 多数大学会为学生提供一些咨询服务。许多努力适应大学各个阶段生活的学生对这种咨询的需求往往很大。这些咨询辅导人员可能有，也可能没有处理自闭症学生问题的经验。即使他们有经验，自闭症学生所能获得的咨询课程也比较少。大学保健中心提供的各种医疗服务也与自闭症学生所需要的服务有所不同。

进入大学和语用问题

● 对一些自闭症学生来说，学习是比较容易的事，真正难的是离开家去独立生活和处理集体生活的语用问题。

● 对那些即将"远行"去上大学的学生来说（"远行"对不同的人有不同的含义），最大的问题是突然的过渡。一学期结束了，在新学期前一周到校的时候，很多新的压力又会出现。

● 如果学生离家较近，自己也有车，喜欢驾驶，有能力安全开回家，就可以随时回家。如果学生回家的愿望很强烈的话，可以每个周末都回去一次。构建安全网络的美妙之处在于，它的存在并不意味着它的必须被使用，但它可以在很大程度上消除焦虑……那些离家较远的人，如果有能力购买公共汽车票、火车票、机票或其他票券,也可以获得真正的安全感。

- 生活安排问题不容小觑。很容易想见宿舍生活对一个自闭症学生来说有多么糟糕。大部分宿舍楼都是要与其他人合住一个房间,缺乏隐私的浴室,拥挤和嘈杂的环境听起来就很糟糕。我很庆幸我从来没有过这种经历。自助餐厅倒没有太大问题,至少你有各种选择,不需要自己准备食物。

特殊需要信托基金

我们为女儿们成立了特殊需要信托基金,但这并不是因为我丈夫和我是伟大的计划者。我们不是,或者说,他是,但我是典型的拖后腿的人。我的小女儿曾遇到刑事案件和民事案件,在解决案件的过程中我们签署了一个小的协议。由于这项协议,我们不得不注册特殊需要信托基金。我们三人一组……我们的律师是遗嘱认证法官,处理了Mia的监护权问题,他的工作地点离我们家非常近,也是建立特殊需要信托基金方面的专家。

特殊需要信托基金有两个主要功能:首先,可以为没有资金管理能力的孩子提供资金管理;其次,确保孩子有享受公共福利的资格,包括医疗补助计划、生活补助计划或任何其他计划。当你将来不在了的时候,信托基金会确保你女儿的财务安全。

- 信托基金在为孩子的利益保障提供另外的资源的同时,又不影响公共援助(像医疗补助等)。
- 它将确保你的其他孩子不会因为你对患病孩子的照顾而感到不堪重负。
- 信托基金将确保给你女儿的任何资金都会得到适当的管理和使用。
- 信托基金可以保证几个孩子之间的公平分配。
- 你可能会认为现在不需要信托基金,但请记住事情是会不断变化的。公共项目会随着时间的推移不断变化,兄弟姐妹也可能会有他们自己的困难。信托基金可以为你女儿的未来提供保障。
- 要建立信托基金,你需要找到一个有建立信托基金经验的律师来帮助你。咨询其他父母,联系医疗补助协调员,因为这些组织有时可以提供优惠或免费的法律帮助。你还可以让你现在的律师在其他领域所需服务方面为你提供推荐意见。
- 通过法律援助服务,你应该能够找到一名财务规划师,或者你也可以自己选择一名财务规划师。
- 与法律、财务负责人进行协商,选择一个合适的方式来管理信托基金。
- 在与上述专业人员会面时,你需要评估当前的情况,分析计划对房产和援助计划的影响,然后根据需要进行调整。

第 12 章

财 务

众所周知，养育自闭症孩子的花费非常巨大。目前许多疗法仍未得到充分应用，或者保险尚未涵盖，即使是儿童先前所享有的服务，也已在《平价医疗法》(Affordable Care Act)颁布后遭到了取消。仅仅是把家庭饮食全部有机化，比如无谷蛋白饮食，也会给家庭的预算带来很大的压力。

我丈夫曾有很长一段时间没有稳定的工作。当时我们经济拮据，本已不堪重负，这更是雪上加霜，让我们陷入了几乎绝望的境地。对金钱的担忧让人极度紧张、尴尬和孤立。

在康涅狄格州，我们很幸运地找到了一家资金相当充裕的残疾人服务部门(Department of Disability Services，DDS)。在等待了三年后，我的女儿们终于得到了一个项目，并获得了州政府的资金支持。我们的计划不是基于收入多少而是基于孩子的"需要程度"而定。我可以自行雇用员工，以获得短暂的休息和家庭服务。这个项目可以让我的女儿们享受医疗补助或减免。我的女儿们需要帮助，我自己不能资助她们的项目。对我们来说，残疾人服务部门的资助就是上天的礼物。当然我们也有法律责任——如果我们想从中获益，就必须偿还预算的一部分。我现在并不担心！即便如此，能够得到顶级行为学家和案例经理的帮助，为我们的女儿的成人项目做准备，也是物有所值的。

许多家庭对孩子可以获得的相关服务比较排斥，请记住这些服务不是施舍。如果你的女儿符合标准，你们不仅会得到一些钱，而且会节约一部分时间。请与所在州的残疾人服务部门办公室联系，看看你是否可以获得支持。

食谱

银币煎饼

煎饼可以是一顿经济实惠的早餐、午餐或晚餐,是面包的代替物,很适合在小吃时间蘸鹰嘴豆泥吃。有几种无麸质的盒装混合料更容易制作。亚瑟王面粉煎饼是一种经典的薄而有弹性的餐点煎饼。就连老贝蒂·克罗克(Betty Crocker)的混合料也能做出美味松软的煎饼,不过在我看来,它的配料不如亚瑟王面粉煎饼好。

纳税季节——四月的圣诞节?

来自 Kim Mack Rosenberg 和 Mark L. Berger(注册会计师)的税务提示。

免责声明:此处的信息仅供参考,税务顾问的税务建议不可替代,因为他了解你的财务状况。虽然作者已尽力做到尽可能准确,但作者对本文中的信息不做任何明示或暗示的保证。你仍应当自行查阅官方资料、出版物,咨询你自己的税务顾问,了解相关的最新法规。

医疗费用超过税后总收入 7.5% 的以上部分是可以享受免税的,税后总收入 7.5% 以内的医疗费用是不可享受免税(即使你的医疗开支超过税后总收入的7.5%,也只有超额部分是可享受免税的)。

♥

保存好全家人的医疗收据,包括那些你认为不符合获得医疗费用减免条件的票据。你永远无法预知可能发生的巨额医疗支出或家庭财务的变化是否会超过7.5%的门槛。

♥

美国国税局出版物502(www.irs.gov),是一个很好的资源,通过它你可以确定哪些费用是可扣除的。它还列出了一般不可扣除的费用,但特殊需要儿童所需的一些医疗护理的费用往往是可扣除的。

♥

让医生出具材料,作为孩子需要的治疗和相关费用的证明,如职业治疗、物理治疗、言语治疗、补充剂、特殊玩具/设备、顺势疗法、高压氧治疗、购买与孩子的状况或治疗有关的书籍的需要、特殊的课程(例如,为了能够让孩子社会化,对孩子的治疗非常重要)。对于你的医生而言,如果你让这一步很容易,他们通常都可以帮助你,他们也希望孩子得到需要的治疗!请保存这些材料以备核查。

♥

医生推荐的用于治疗其所诊断的疾病的补品可能是可扣除的,但若是出于"更健康"原因而要服用的补品是不可扣除的。

♥

治疗学校的学费一般都可以算作医疗费用,但如果在以后获得了这笔学费的报销,就需要偿还。在某些情况下,有些部分可以算作收入。报销(包括保险报销)应在扣除费用的范围内纳税。如果不扣除学费,也

第12章 财务

没有得到补偿,那么从你提交申报单当年算起,三年之内需要修改好申报单。

出于医疗目的的用车,可以扣除较大的法定公里数(它与医疗业务不同,每年都会发生变化),或者可以扣除实际花费(主要是天然气和石油)。除了实际成本或每英里的法定扣除外,通行费和停车费也可扣除。如果车与医疗费用联系在一起,并按照医疗里程标准扣减,应该保留一个里程日志(你甚至可以把它放在车里,以确保在你需要的时候使用)。

参加孩子医疗/治疗的会议费用和交通费用,是包括在医疗费用之中的,但食宿费用不包括在内。

如果旅行的目的主要是医学治疗,孩子的旅行费用(包括父母的旅费)是可以扣除的。出外就医时的住宿费用(按规定的比例)也是可以扣除的。

餐费是不可以扣除的(除了在医院或类似的机构中用餐)。

特殊饮食(如无谷蛋白/无酪蛋白饮食)与"正常"等价物之间的成本差,可在医生为缓解病情而开出的特殊饮食处方中扣除。关于这些很复杂的计算有一个方便的模板,请参阅 www.TACANOW.org。

你应该评估雇主提供的计划,例如"弹性开支计划",因为它给你提

供了使用税前收入支付医疗费用的机会。

由弹性开支计划偿还的医疗费用,不能再使用另外的支付形式(换句话说,如果你用弹性开支计划偿还,就不能再要求在缴税时扣除相关花费了)。

用税前金额支付的保险费(对许多雇员来说是这样的)是不可扣除的。如果你是自由职业者,不同保险费可能意味着不同的税务待遇(不是医疗费用)。

在平衡弹性开支和保险金额时,如果你认为保险公司可以支付一部分费用,那就先提交给保险公司。请合理地使用你的弹性开支。

即便你已有保险的费用和不可抵扣的费用,你仍然有资格申请弹性开支。这些项目还包括一些非处方药费用。有关可报销项目的信息,请参考弹性支出帐户信息。如果你可以使用税前工资偿还那些不减税的项目,就可以使用弹性开支支付。

你所支付的必要的医疗费用,在满足你的保险单扣税额,以及共同支付额后,仍满足你的个人扣除额的部分是免税的。

最好的做法是保存收据,并为审计记录所有的信息。

医疗费用的证明材料应包括支付人的姓名和地址、支付的金额和日

第12章 财务

期、提供的服务/货物的说明以及提供的日期等信息。

尽量不要用现金支付医疗费用——信用卡和支票更容易证明。

如果孩子/家里有很多医疗费用,请保持定期归档的习惯。如果文件堆积如山,可能会丢失,工作也会变得非常困难。请找一个适合你的文件归档系统。

索赔小贴士(不另收费)

将每份需要索赔的材料分别提交给保险公司,每个信封只装一份索赔材料。如果将索赔材料分好类,索赔材料也就不太可能丢失。

保留索赔表和提供者的帐单/收据副本,以备保险公司丢失索赔收据并要求你重新提交,你也可以利用副本帮助跟踪已支付和未得到赔偿的索赔,同时要特别留意副本上的发送日期。当你收到保险公司的收益证明时,你可以把它附在这些文件上。

你需要了解如何阅读保险公司的收益说明。你需要知道在给定的索赔中,哪些是可以免税的,以确保对能扣税的部分进行准确核算。任何扣款都要根据医生或其他提供者与保险公司的协议,由保险公司支付相应份额。这包括:"未包括数额"、共同支付、免赔额和共同保险(例如,如果你有一个70/30的计划,那么你的份额的30%就是可扣除的医疗费用)。

为了高效准确地准备报税表,你可以创建一个文档(你可以在用着舒服顺手的文字处理、数据库或者电子表格中进行创建)。你也可以使用资金管理程序帮你按类别或分组追踪费用使用情况。你可以每年在先前文档的基础上更新数据,而不需要重新创建文档。

后 记

读这本书，大量的信息可能使你不知所措。来个鸡尾酒配方，换一下心情如何？

我叔祖父有一本经典烹饪书，我非常珍惜。20世纪40年代，他经营了一家名为"波士顿90年代同性恋"的酒吧。多年来，叔祖父一直保存着一本红亚麻布封面、出版于1945年的书，书名叫作《鸡尾酒与葡萄酒汇编：家庭与酒吧百科全书与指南》。书上还有本书的作者和国际巴尔曼协会主席 Oscar Haimo 的亲笔签名。机缘巧合，这本书竟被我收藏了，我一直将它视若珍宝。

这儿有一个简单的食谱，让我们为所有希望自己女儿成功应对自闭谱系障碍挑战的家长干杯！

食谱

胜利鸡尾酒
将冰爽的香槟倒入酒杯；
加入4小杯白兰地；
用橘皮装饰。

推荐阅读

7 Kinds of Smart (Plume, 1999) by Thomas Armstrong.

41 Things to Know about Autism (Turner, 2010) by Chantal Sicile-Kira.

1001 Great Ideas for Teaching and Raising Children with Autism Spectrum Disorders (Future Horizons, 2010) by Ellen Notbohm and Veronica Zysk.

Adolescents on the Autism Spectrum: A Parent's Guide to the Cognitive, Social, Physical, and Transition Needs of Teenagers with Autism Spectrum Disorders (Penguin, 2006) by Chantal Sicile-Kira. Foreword by Temple Grandin, PhD. 2006 San Diego Book Award for "Best in Health/Fitness."

All I Can Handle: I'm No Mother Theresa (Skyhorse, 2010) by Kim Stagliano.

Autism: A Holistic Approach (Floris Books, 2002) by Bob Woodward and Dr. Marga Hogenboom.

Autism Life Skills: From Communication and Safety to Self Esteem and More: 10 Essential Abilities Every Child Deserves and Needs to Learn (Penguin, 2008) by Chantal Sicile-Kira. Foreword by Temple Grandin, PhD.

Autism Spectrum Disorders: The Complete Guide to Understanding Autism, Asperger's Syndrome, Pervasive Developmental Disorder, and other ASD's (Penguin, 2005) by Chantal Sicile-Kira. Foreword by Temple Grandin, PhD.

Recipient of the 2005 Autism Society of America's Outstanding Literary Work of the Year Award. Nominated for the 2005 Pen/Martha Albrand Award for First Nonfiction.

Autistic Spectrum Disorders: Understanding the Diagnosis and Getting Help (O'Reilly & Associates, 2002) by Mitzi Waltz.

Changing the Course of Autism (Sentient, 2007) by Bryan Jepson, MD with Jane Johnson.

Children and Youth with Asperger's Syndrome (Corwin, 2005) by Brenda Smith-Myles.

Children with Starving Brains (Bramble, 2009) by Jaquelyn Mccandless.

Cutting-Edge Therapies for Autism 2010 - 2011 (Skyhorse, 2010) by Ken Siri and Tony Lyons.

Engaging Autism (Da Capo, 2009) by Stanley Greenspan, MD.

Getting beyond Bullying and Exclusion PreK-5 (Corwin, 2009) by Ronald Mah.

Girls under the Umbrella of Autism Spectrum Disorders (Autism Asperger Press, 2007) by Lori Ernsperger, PhD, and Danielle Wendel.

Healing Our Autistic Children (Palgrave Macmillan, 2010) by Julie A. Buckley, MD.

Healing the New Childhood Epidemics (Ballantine, 2008) by Kenneth Bock, MD.

Helping Children with Autism Learn (Oxford, 2007) by Bryna Siegel.

Other Neurological Differences (Autism Asperger Publishing, 2005) by Lisa Lieberman.

Overcoming ADHD (Da Capo, 2009) by Stanley Greenspan, MD.

Physicians' Desk Reference (PDR Network, 2009) by PDR Staff.

Poor Richards Almanac (Random House, 1988) by Benjamin Franklin.

Son-Rise: The Miracle Continues (HJ Kramer, 1995) by Barry Neil Kaufman and Raun Kaufman.

Stumbling on Happiness (Vintage, 2007) by Daniel Gilbert.

Teaching Students with Autism Spectrum Disorders (Corwin, 2008) by Roger Pierangelo and George A. Giuliani.

The Autism Book (Little, Brown, 2010) by Robert Sears, MD.

The Autism Sourcebook (Harper, 2006) by Karen Siff Exkorn.

The Complete IEP Guide: How to Advocate for Your Special Ed Child (NOLO, 2009) by Lawrence Siegel.

The Encyclopedia of Dietary Interventions for the Treatment of Autism and Related Disorders (Sarpsborg Press, 2008) by Karyn Seroussi and Lisa Lewis, PhD.

The Everyday Advocate (NAL, 2010) by Areva Martin, Esq. and Lynn Kern Koegel.

The Hidden Curriculum: Practical Solutions for Understanding

Unstated Rules in Social Solutions (Autism Asperger Publishing, 2004) by Brenda Smith-Myles.

The Mindbody Prescription (Warner, 1999) by John Sarno, M. D.

The Way I See It (Future Horizons, 2008) by Temple Grandin, PhD.

The Way They Learn (Tyndale House, 1998) by Cynthia Ulrich Tobias.

Thinking in Pictures (Vintage, 2010) by Temple Grandin, PhD.

Three Times the Love (Avery, 2009) by Lynn and Randy Gaston.

We Band of Mothers (Autism Research Institute, 2007) by Judy Chinitz.

What Your Doctor May Not Tell You about Children's Vaccinations (Grand Central, 2007) by Stephanie Cave, MD.

图书在版编目(CIP)数据

写给自闭症儿童父母的101条小贴士.女孩篇/(美)托尼·莱昂著;杨中枢译.—上海:华东师范大学出版社,2019
ISBN 978-7-5675-9192-9

Ⅰ.①写… Ⅱ.①托…②杨… Ⅲ.①孤独症-儿童教育-特殊教育 Ⅳ.①G766

中国版本图书馆 CIP 数据核字(2019)第144683号

写给自闭症儿童父母的101条小贴士:女孩篇

著　者	Tony Lyons, Kim Stagliano
译　者	杨中枢
项目编辑	张艺捷
责任校对	王丽平
装帧设计	刘怡霖

出版发行	华东师范大学出版社
社　址	上海市中山北路3663号 邮编 200062
网　址	www.ecnupress.com.cn
电　话	021-60821666 行政传真 021-62572105
客服电话	021-62865537 门市(邮购)电话 021-62869887
地　址	上海市中山北路3663号华东师范大学校内先锋路口
网　店	http://hdsdcbs.tmall.com

印 刷 者	上海盛通时代印刷有限公司
开　本	890×1240 32开
印　张	6.5
字　数	129千字
版　次	2019年8月第1版
印　次	2019年8月第1次
书　号	ISBN 978-7-5675-9192-9/G·12083
定　价	32.00元

出版人　王　焰

(如发现本版图书有印订质量问题,请寄回本社客服中心调换或电话021-62865537联系)